好家长系列
谁说孩子不是天才
：斯特娜自然教育法
成墨初导读 / 张玉霞编译
中国著名家教导师
成墨初
中国"十大最具影响力家教作家"
U0586030

图书在版编目（CIP）数据

斯特娜自然教育法 / 张玉霞编译. -- 北京 : 新时代出版社, 2014.7
（谁说孩子不是天才）
ISBN 978-7-5042-2044-8

Ⅰ. ①斯… Ⅱ. ①张… Ⅲ. ①儿童教育—家庭教育 Ⅳ. ①G78

中国版本图书馆CIP数据核字(2014)第124391号

新时代出版社 出版发行

（北京市海淀区紫竹院南路23号　邮政编码100048）
北京嘉恒彩色印刷有限公司印刷
新华书店经售

*

开本 710×960　1/16　**印张** 14　**字数** 220千字
2014年7月第1版第1次印刷　**印数** 1-8000册　**定价** 28.00元

国防书店：(010) 88540777　　发行邮购：(010) 88540776
发行传真：(010) 88540755　　发行业务：(010) 88540717

早期教育早已成为人们非常关心的话题，很多父母也将孩子的成才、成功寄希望于早期教育，希望自己的孩子不输在起跑线上。

科学的早期教育的确能让孩子的潜能得到最大限度的发挥，使孩子成为优秀的天才，科学研究和教育实践都确切地证明了这一论点。

20世纪初，世界上一些神童的诞生引起了人们对早期教育的广泛关注，一个叫维尼弗雷特的小女孩就是其中非常著名的一个。

维尼弗雷特的成功也成就了她的母亲斯特娜，正是由于母亲对她实施了科学的早期教育，才使这个小女孩的才华尽显光芒。

一、斯特娜培养了一个天才女儿

维尼弗雷特小小年纪就取得了非常突出的成就，成为人人称赞的小天才。她3岁开始写诗歌、散文；4岁用世界语写剧本；5岁开始发表作品，并会说8个国家的语言。

9岁时，她同时通过美国斯坦福大学和威斯康星大学两所学校的入学考试，成为一名少年大学生；10岁时，她能用13种语言与人交流；14岁时，她被任命为"美国少年和平同盟会"会长，同时，她也成为美国匹兹堡最年轻、最著名的教师，教青少年学习世界语。

维尼弗雷特知识面广、多才多艺，她会拉小提琴、弹钢琴，喜欢绘画，在国际象棋比赛中取得过优异成绩．在历史、地理、自然等学科方面也非常突出。

维尼弗雷特不仅学识丰富、有艺术修养，她也有良好的个性，她身心健康、活泼开朗、谦逊有礼，且很善良，是个全面发展的孩子。

二、斯特娜其人及其教育法的产生

维尼弗雷特有这样的成就，在很大程度上归因于母亲M.S.斯特娜对她的教育。斯特娜是20世纪美国著名的早期教育家，曾在美国宾夕法尼亚州匹兹堡大学任教。

读大学时，在美国心理学家威廉·詹姆斯博士的建议下，斯特娜读了《卡尔·威特的教育》一书，深受影响。从此，她对早期教育产生了浓厚的兴趣。

斯特娜被书中的教育理念所折服，她对这种早期教育方法进行了深入的研究。在女儿维尼弗雷特出生后，她就开始用这种教育方法教育自己的女儿。

教育女儿时，斯特娜借鉴了卡尔·威特早期教育法，并在实践中不断创新，逐渐形成了自己的教育思想体系，开创了自己独特的早期教育法。

她把自己的教育方法称为“自然教育法”，她是“自然教育法”的开创者，这种教育法帮助她成功地培养了一个优秀的天才女儿。

为了让更多的父母和孩子获益于这种教育方法，使人们认识到早期教育和自然教育的重要性，斯特娜将自己教育女儿的经历写成了书。

在书中，斯特娜记录了女儿维尼弗雷特的成长经历，阐述了自己的教育理念和方法。后来，她还创办了自然教育学校，培养了很多天才。

三、斯特娜教育法的意义和影响

众多教育家和父母的研究和实践已证明，斯特娜自然教育法是科学有效的，也是可行的。

从“自然教育法”创立到现在已过去了一个世纪，“自然教育法”仍然是影响众多父母和孩子的教育经典，是世界上最有影响力的教育法之一。

“伟大开始于家庭”，斯特娜的这一观念已经鼓舞、激励了众多父母。借鉴和使用她的自然教育方法，越来越多的父母培养出了非常优秀的孩子。

虽然斯特娜的自然教育法在世界上具有很大的影响，但它从传入我国到被众

多国人所接纳，却经历了一个漫长的时期。

1914年，斯特娜写出了《M.S.斯特娜的自然教育》一书。两年后，我国的共产党人恽代英曾将书中的部分内容翻译成中文，介绍给中国读者，但当时这种教育法并没有引起我国的重视。

斯特娜自然教育法毕竟是符合社会发展的先进教育法，注定不会被埋没。几十年后，日本教育家木村久一所著的《早期教育与天才》在我国出版，此时，人们才认识到了斯特娜自然教育法的价值。

自此以后，斯特娜自然教育法在我国的影响越来越广泛，成为很多教育家和父母所认可的经典教育法之一。

四、斯特娜自然教育法的主要思想

斯特娜自然教育法是在卡尔·威特教育法的基础上创立的，斯特娜对卡尔·威特教育法进行了发展和创新，最终形成了有自己特色的自然教育法。

斯特娜自然教育法的内容很丰富，其基本思想和主要观点如下。

1.父母要先接受教育

婴幼儿喜欢模仿，孩子的年龄越小，父母的榜样作用越大，其教育教养方式对孩子的影响也越大。

因此，对孩子实施早期教育，父母要先接受教育，不断改造、提高和完善自己。

尤其是母亲，对孩子的成长影响更大。所以，母亲更要不断学习，成为合格的优秀的掌握了教育方法的人。

2.遵循孩子的本性教育，使其自然地成长发展

教育孩子时，父母不要强制孩子而要引导孩子，不要压制孩子的想法和做法，不把自己的意愿强加给孩子，要让孩子做真实的自己。

斯特娜认为，每个孩子都有自己的天赋，父母要尊重并开发孩子的天赋，尊重孩子的身心发展特点和本性。

父母要以爱和孩子的兴趣为主导，为孩子营造宽松的成长氛围和环境，使孩

子的潜能自然而然地发挥出来。

3. 以大自然为师，以生活为师

对孩子来说，大自然和生活是最好的老师，也是最好的课堂。父母要引导和教育孩子在大自然中学习，在生活中学习。

让孩子接触大自然、亲身体验生活、亲自探索和实践，是斯特娜教育法的重要主张，这可以让孩子通过对自然和生活的关注、思考及学习，获得更好的成长和发展。

4.婴幼儿早期教育是决定孩子一生的关键

婴幼儿时期是人的大脑发育最关键的时期，其发育速度最快，这一时期也是孩子接受教育最有效的时期，这一时期的教育几乎可以决定人的一生。

婴幼儿早期教育的内容很广泛，学会生活、学会做人，培养孩子良好的身心素质、良好的品行和习惯，教孩子学习文化等都是非常重要的。

5.早期教育要遵循儿童教育规律

斯特娜认为，早期教育应该遵循儿童教育规律，要根据孩子的自然本性，运用自然的方法教育孩子。

婴幼儿的天性是玩，其思维以具体形象思维为主、靠感觉和动作来学习。因此，斯特娜主张，要尽可能用游戏的方式对孩子实施早期教育，让孩子在快乐中接受教育、获得成长。

五、现代父母如何学习斯特娜教育法

1. 掌握基本教育思想，用以指导自己的教育实践

虽然斯特娜自然教育法诞生于100年前的美国，但它对当今中国的家庭教育仍具有非常有价值的借鉴意义。

对当前的广大中国父母来说，斯特娜自然教育法的基本教育观点仍是科学有效的，具有很强的指导意义，是值得广大父母学习的。

比如，斯特娜提出的“教育孩子，父母先受教育”的观点，指出了父母榜样

的重要作用，“没有教育不好的孩子，只有不会教育的父母”，这是中国父母应深刻意识到的。

遵循孩子的自然本性进行教育，采用符合孩子身心特点的教育方法，抓住早期教育这一关键，向自然学习、向生活学习等，这些是无论在什么样的社会中都永不过时的教育经典。

父母要把握斯特娜自然教育法中这些基本的思想精髓，身体力行，在孩子成长最关键的时候，采用正确科学的早期教育，让孩子的潜能得到最大限度的发挥。

2. 不盲目照搬，具体问题具体分析

中国国情不同于美国国情，每个家庭的情况也千差万别。我们在运用自然教育法教育自己的孩子时，不要盲目照搬，而要在把握其基本思想的前提下，根据自己孩子的实际情况灵活运用，做到具体问题具体分析。

比如，父母教育孩子学习植物学、动物学等各学科知识，对大多数家庭来说都不现实。因为这首先需要父母具备这些方面的广博知识。

因此，如果父母对某方面的知识一知半解，就不要去教孩子。这个时候，“教不如不教”，因为如果教错了，孩子要花费更多时间和精力去修正，这样只会增加孩子的负担。

再如，教孩子学外语，父母也不可盲目仿效。虽然孩子学外语的能力很强，但很多家庭要教育孩子像维尼弗雷特那样掌握多种外语并不现实，因为西方的语言同属一个语系，学习起来比较方便。

父母在某方面是行家，才有资格去教育孩子，否则就不要轻易去教孩子，而要把这些交给专家——学校和教师——去做。

在教孩子学习各种学科知识或进行音乐、绘画等技能教育之外，父母最应做的是对孩子“培育根系”的教育，也就是教育孩子做人，培养良好的个性品质、品德和好习惯，激发孩子的求知欲和上进心，这才是最最重要的。

当然，还有非常重要的一点就是，父母一定要不断学习，找到自己的差距，努力弥补差距，不断改造和完善自己，才能让孩子有根本性的改变、获得真正的成长。

本书参照了国内流行的各种自然教育法的译本编译而成。我们梳理提炼了该

教育法经典、精华的思想观点，通过更系统条理的结构，运用更易于阅读的故事化行文，浅显易懂、清晰明了地阐述了“自然教育法”的精华内容，便于读者在轻松快乐的阅读中把握该教育法的思想脉络，掌握其有效而实用的教育操作方法。

相信，通过阅读本书，父母们一定能找到将孩子培养成天才的有效方法。愿本书能对那些渴望孩子成才的父母以及他们的孩子有所帮助。我们诚挚地祝愿，每一个父母都能拥有一个快乐的天才孩子。

编译者序

对于教育，我始终有着难以割舍的情结。教育理想的萌芽，大概始自我刚入学时一次当“老师”的经历，那时，我在家里将刚学到的汉字教给邻居的几个弟弟妹妹们，“为人师”的自豪感始终在激励我。

小学、中学、大学、研究生、高校教师、家教、图书作者，一路走来，几多辛酸几多欢乐，几多得意几多彷徨，几多成功几多失败……唯一不变的是我对教育的执着。

因为喜欢教育，我在本科理工科专业毕业后考取了教育学硕士研究生，之后在家乡小城的一所高校从事学生心理健康教育工作。同时，在业余时间，我如饥似渴地阅读着各种教育书籍。

在多年从事学生心理健康教育的生涯中，我工作很努力，却也很辛苦，更重要的是，我做得并不快乐。此外，幼时的一场大病导致了我听力和表达的缺陷，这在后来一度成了我职业生涯的短板。这种现实让我从教的热情和积极性受到了一定程度的打击。

我开始彷徨，开始痛苦地思考。幸好父母给了我不服输和执着的性格。在从事学生心理健康教育的几年中，我读了《卡尔·威特的教育》、铃木镇一的《神童作坊》等教育书籍，感谢它们给我的职业生涯带来了曙光和转机。

之后的几年里，我又陆续读了《斯特娜夫人的自然教育》、鲍里斯·塞德兹的《俗物与天才》、木村久一的《早期教育与天才》等国内外教育家的著作。

我明白了自己做学生心理健康教育工作之所以不快乐的原因，更多学生、更多问题的根源大都来自家庭，大都在幼年或童年时就埋下了病根，此时的学校教育只是“治标不治本”，所以很多学生的成长和改变痛苦而艰难。

由此，我也联想到了自己的成长经历。在我幼年、童年那个艰苦的年代，我的父母没有条件去了解科学的早期教育或家庭教育知识，这曾给我带来了沉重的伤痛，迫使我在成年后经历了多年的艰难成长和痛苦蜕变。

让我始终感动的是，父母从我幼年起就留给了我很多异常宝贵的东西，他们在非常艰难的条件下，竭尽所能把我送上了追逐理想的路，培养了我创造幸福的能力。父母的勤劳善良、坚强不屈、积极乐观、隐忍包容、善于感恩等优良品质，至今都深刻地影响着我，并成为我永久的人生财富。

在这里，我想说的是，孩子幼年、童年在家庭中的经历、在家庭中所受的教育和影响，对其人生的影响是一生的，无论是好的，还是不好的，都一样。

至此，我更感激《卡尔·威特的教育》《斯特娜夫人的自然教育》《神童作坊》等书籍，它们成了我职业理想的指路明灯，成了我决心从事家庭教育的重要动力，它们也让我更深地理解了自己的父母。为了让更多孩子和父母受益，我决心将自己对于家庭教育的感触和感悟写成书，将《卡尔·威特的教育》等世界经典教育名著以更受欢迎、更易被接受的形式推介给广大父母。由此，便有了这套系列读本。

能有这样一个机会和平台与读者沟通，值得我感谢的人太多。感谢我的父母始终一如既往地、无条件地支持我、鼓励我；感谢我的姐妹一如既往地、无条件地支持我、帮助我；感谢我在读书期间各位老师的教诲和鼓励；感谢北京博雅华章文化传媒有限公司万小遥老师帮助我开拓了职业道路；感谢开智书坊成墨初老师给了我实现梦想的广阔空间和坚定梦想的勇气和信心；感谢所有曾经陪伴我以及还在陪伴我走在路上的朋友们。

由于本人经验能力所限，本系列读本中的缺点不足在所难免。但无论如何，我始终秉承“用心做人，用心作文，用心做教育”的信念，尽力做好自己该做的每一件事，包括用心做好每一本家教书。

帮助每一个父母成为成功而快乐的父母，帮助每一个孩子成为优秀而幸福的人才，在我看来是最幸福的事。真诚地希望各位读者和父母朋友们给予我更多的支持和指教，我将不胜感激。

目录
CONTENTS

第1章

教育孩子，父母先受教育

孩子来到这个世界上，最先接触的环境是家庭，最先接触的人是父母。父母，尤其是母亲，对孩子的一生有着不可磨灭的影响，这已是一个毋庸置疑的实事。

孩子从一个无知无识、无能无力的胎儿，成长为一个具有健康的身心、丰富的知识技能、良好性格品质的独立的社会人，全有赖于教育，而最重要的是在家庭中父母对孩子的教育。

斯特娜夫人作为一位母亲，她用自己的亲身经历和教育实践论证了这一结论。她首先是一位优秀的女人，是一位优秀的母亲，然后才成为了女儿维尼弗雷特成功的教育者。

不仅如此，维尼弗雷特能成功，斯特娜的丈夫也功不可没。他和妻子共同为女儿创造了幸福和谐的家，共同将女儿培养成才。

父母也是从无知到有知、从不成熟到成熟逐渐成长起来的。没有人天生会做父母，要想教育好孩子，父母自身要先受教育，首先要学习做一个好父母，这是教育好孩子的前提。

母亲能够决定孩子的未来

在女儿维尼弗雷特出生之前，我每次看一些成功者的传记或生平故事，常常会思考这样一个问题：从遗传的角度来说，成功者的子女应该也非常成功。

但事实并非如此，很多成功者的子女却往往很普通，甚至与父辈相差很远，有的还成为纨绔子弟。相反，那些普通人家的孩子，会成为杰出人才的却很多。

为什么会这样？

我读过很多教育家的著作，并喜欢研究和思考儿童教育这一问题。我认为，这种状况是由不同的家庭教育所造成的。

在家庭教育中，母亲的作用非常重要。作为一位母亲，我从自己的亲身经历中感受到，孩子能否成为优秀的人才，母亲起着非常大的作用，众多事实和理论研究都说明了这一点。

比如，在中国，中国古代有灿烂的文明，它是最早开设学校的国家，但现在，中国的文明却落后了。这是为什么？我认为，这是因为他们没有意识到妇女教育的重要性。

在漫长的历史中，中国人的潜意识里一直认为，女性没必要或不应该接受教育。因此，中国女性有很多文盲，她们也从未接受过所谓的家庭教育或早期教育。

在这种情况下，中国女性成为母亲后，又如何对自己的孩子实施教育呢？

母亲不仅仅是把孩子带到这个世界上，更重要的，还要把孩子培养成人、成才，母亲应该成为孩子早期教育的实施者。

著名画家达·芬奇曾说过，母亲的性格、意志、精神痛苦、恐惧等，会对胎儿产生非常大的影响，甚至超过对母亲自己的影响。

不止是在孕期，母亲对胎儿有巨大的影响，在孩子出生后母亲的影响也是十

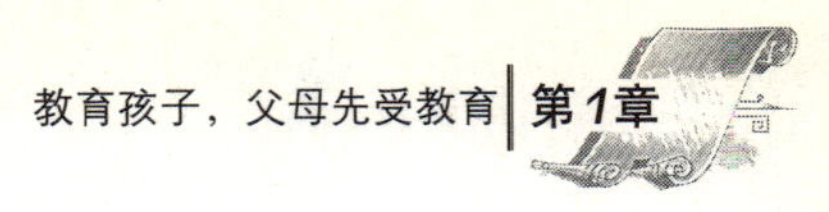

分巨大的。

这是因为，幼小的孩子很容易从自己所处的环境和亲近的人身上吸收各种刺激，而母亲每天与孩子朝夕相处，关系最为亲密。

因而，教育孩子应该从家庭开始，从改造母亲开始，而不是从学校和教师开始。

>>>>>>>>>>>>>>>>>>>>>>>>>>>>>>>>

在我们国家，有些母亲会雇保姆来照管自己幼小的孩子，我一直觉得，这样的母亲不是合格的母亲。

我有一个优秀的女友安娜，维尼弗雷特刚出生时，安娜就有了一个3岁的儿子。怀孕时，我曾去拜访过安娜，我们好久未见，我想去向她请教一些育儿的方法。我当时想，她养育过孩子，一定有丰富的教养孩子的经验。

可是，当我见到安娜儿子的那种状态时，却很失望，甚至差一点丧失做母亲的信心。

安娜的儿子看上去很不活泼，他沉默寡言、郁郁寡欢。3岁的孩子应该是活泼可爱的，可安娜的儿子为什么是这个样子呢？

安娜告诉我，她的儿子经常这样。儿子与安娜的感情也很淡，他似乎不喜欢妈妈，不喜欢与妈妈亲近，这让安娜很伤心。

原来，安娜的儿子出生后，安娜一直把他交给保姆养育和照顾，而她自己则只是忙自己的工作、参加一些社交活动。

安娜说，养育孩子非常烦琐、辛苦、劳累，她不愿因为养育孩子而影响自己丰富多彩的生活，所以就把儿子交给了保姆。

而且，安娜雇的这个保姆没有多少文化，缺乏教养，对育儿知识更是一无所知，这样的保姆当然无法给孩子良好的教育。

因为这一点，我甚至在内心有点轻视安娜，觉得她不配做母亲。作为一位母亲，为了自己的自由和生活快乐，放弃了亲自养育孩子的责任，安娜真的很自私。

>>>>>>>>>>>>>>>>>>>>>>>>>>>>>>>>

我希望，每一位母亲，无论有什么样的理由和困难，绝不要像安娜那样，把自己的孩子不负责任地交给其他人去养育。

在家庭教育中，母亲之所以如此重要，是因为孩子与母亲有最天然、最直接的联系。不仅是血缘联系，还有情感联系，这使得孩子最容易受到母亲的影响。

怀孕时，母亲与胎儿为一体，母亲的身体和精神状态都会对胎儿产生直接的影响，母亲的健康、意志、苦乐等各方面都左右着胎儿的状态。

孩子出生后的几年里，差不多与母亲朝夕相处，与母亲在一起的时间最长。母亲的一言一语、一举一动，甚至细微的情绪波动，都会影响孩子。

年幼的孩子对周围的一切刺激都异常敏感，他像海绵一样贪婪地吸收着来自母亲及周围环境的各种信息。而且，他会将来自母亲和环境中的一切不分优劣地照单全收。

因此，要养育优秀的孩子，母亲首先要从各方面严格要求自己，使自己成为优秀的人和优秀的教育家。

著名教育家福禄贝尔曾说："国家的命运，与其说掌握在掌权者的手中，毋宁说是掌握在母亲的手中。"

我可以非常自信地说，母亲决定着孩子的未来，母亲自身的素质、对孩子的教养方式是影响孩子未来成长最重要的因素。

但是，很多人并不能真正理解这一点。那些报纸或电台新闻中报道的事故或犯罪活动，正是因为一些失职的母亲忽略了对孩子的正确教育，而让孩子成了事故制造者和牺牲品。

我对此感到很痛心。为了孩子和家庭未来的幸福，也为了国家的前途，我希望，每一位母亲都要努力学习去做优秀的母亲、优秀的教育者。

成墨初点拨

教育首先应由母亲开始，每一位还未做母亲、即将做母亲、已经做母亲的女人都要意识到这一点，绝不要推卸自己教育子女的责任，不要放弃学习成为一名好母亲。

努力做个好母亲

女儿还未出生，我就下定决心努力去做一个好母亲，我也希望每个母亲都能成为好母亲。

那什么样的母亲才是好母亲呢？

我认为，好母亲首先要成为孩子的好榜样，要求孩子做到的，首先自己要做到。

有些母亲总是去要求孩子，命令孩子这样做、那样做，却不要求自己先做到，这样的母亲不是好母亲。

在孩子的心目中，母亲是最亲近、最可依赖的人。如果母亲不严格要求自己、不注意自己的言行，就会给孩子造成很多消极的影响。

我认识一位妈妈，她喜欢各种社交活动，经常出入酒吧、歌厅一类的场所，爱和朋友一起参加各种聚会，吸烟、喝酒、狂欢。

这位妈妈对自己已进入青春期的女儿却非常严格，她不允许女儿进入各种娱乐场所，不允许女儿吸烟喝酒等。

有一次，这位妈妈惊讶地发现自己的女儿在吸烟，她非常愤怒，大声呵斥女儿说："你怎么能吸烟呢？谁让你吸烟的？快把它熄掉。"

没想到，女儿听了妈妈的话，却"义正词严"地说："您自己不是也吸烟吗？为什么我就不能吸烟？"

妈妈回答说："我是成年人，你是未成年人，我可以吸烟，但是你不能吸烟。"

母亲这样的教育怎能让女儿认同和接纳呢？在我看来，这位母亲不能算是好母亲。

我认为，为了孩子，我们做母亲的要检点自己的言行，拒绝不健康的生活内容，也要拒绝言辞粗鲁，更要拒绝各种不良行为。

>>>>>>>>>>>>>>>>>>>>>>>>>>>>>>>>

做孩子的好榜样，这需要母亲从人生态度、习惯、品行等各个方面去努力。比如，母亲要有责任心、有爱心，要有良好的心态、品德和习惯，要乐于学习、热爱生活、敬业爱家等。

好母亲非常注重自身的成长，始终以积极的态度面对自己和他人、面对生活和工作，并真正去爱孩子，以积极的态度去影响孩子。

想要成为好母亲，我觉得还有非常重要的一点，就是要懂得怎样爱孩子、怎样教育孩子，设法运用科学有效的教育方法教育孩子。

好母亲对孩子的健康成长非常负责，她会不断了解孩子的成长特点和规律，不断学习养育孩子的经验和方法，帮助孩子健康成长。

这样的母亲能够真正得到孩子的尊敬和爱戴，并使孩子愿意去遵从、学习和模仿，她们对孩子的教育也很容易成功。

我曾在一本书中看到过这样一个小故事，有一位母亲非常爱自己的儿子，她努力为儿子创造了很好的生活和学习条件。

但这位母亲其实是溺爱儿子，她舍不得儿子吃苦受累，不让他做家务，也不让他做一切看起来有困难的事情，包括倒热水这类小事。

结果，这个孩子长大后很多事情都不会做，这让他在读书、生活中吃了很多苦头，也让他受到了很多人的嘲笑和侮辱。

虽然这位母亲有十足的理由认为自己很爱儿子，但我仍觉得她不是一位好母亲。因为她对儿子的爱是错误的、是自私的，她剥夺了儿子独立成长的机会，压制了儿子的很多潜能。

>>>>>>>>>>>>>>>>>>>>>>>>>>>>>>>>

我有一位女友叫艾伦娜，她几年前刚离婚，成了一个单亲妈妈，一个人带着女儿生活。

艾伦娜的生活很辛苦，这让她疲惫不堪，婚姻的失败似乎让她对未来的生活失去了信心。

艾伦娜的女儿原本活泼可爱，但随着她的长大，她却越来越不快乐，整天郁郁寡欢、沉默寡言，不喜欢与别的孩子交往，也不喜欢做任何事情。

有一次，老师让艾伦娜看了女儿的一篇作文，艾伦娜才了解了女儿内心的痛苦。在这篇作文里，女儿说，她很自卑，觉得自己不讨人喜欢，她很不快乐，觉得生活很辛苦、没有意思。

女儿的作文让艾伦娜思考了很久，她似乎从中看到了自己的影子。

艾伦娜逐渐意识到，正是她自己的状态影响到了女儿。她想到自己总是消极悲观、自怨自艾，对什么事情都没有兴趣，她这种态度也使得与她朝夕相处的女儿变得消沉、消极。

经过痛苦的思考，艾伦娜明白了，只有改变自己，才能改变女儿。因此，艾伦娜开始努力改变自己，她设法让自己变得阳光、积极、向上，以给女儿积极的影响。

经过一段时间，艾伦娜有了很大的变化，她变得积极乐观、坚强上进，而她的女儿也发生了意想不到的变化，变得开朗活泼。

艾伦娜的例子使我意识到，要成为好母亲，不仅要为孩子创造良好的生活条件，让孩子生活好、身体好、学习好，还要用积极的精神和态度去影响孩子。

值得庆幸的是，我在这方面做得还不错。我是一名教师，也一直是个积极乐观、好学上进的人，我始终以积极的态度影响我的学生，也以这种态度去影响我的女儿。

>>>>>>>>>>>>>>>>>>>>>>>>>>>>>>>>

女儿还未出生，我就经常在心中描绘女儿出生后的美好未来。我相信自己可以成为让女儿骄傲的母亲，而女儿也会成为让我骄傲的孩子。

不过，我也知道，要成为一位理想的母亲并不是那么容易，这需要我付出很多努力。女儿出生后，在养育她的过程中，我更深刻地体会到了这一点。

可以说，作为母亲，我是和女儿一起成长的。随着女儿一天天长大，我也在不断学习和成长，设法让自己成为更优秀的母亲。

真正成为一名母亲，会面临着教育孩子的种种考验，我不是完人，也会有很多缺点。要成为理想的母亲很难，但我会向着理想母亲的方向努力。

因此，我认为做好母亲更需要不断学习、不断改进和完善自己，这才是最重要的。

为了成为一个好母亲，我经常阅读一些科学育儿书籍，不断学习和掌握科学的育儿方法。此外，我也阅读其他方面的健康书籍，不断修炼和提高自己的个性品质。

在生活中，我会不时地检视自己的言行，努力在生活中、在言行上都成为女儿的好榜样。此外，在对女儿的教育实践中，遇到问题时我会不断地反思自己、修正自己。

有一次，因为一件小事，女儿没有听我的话，我就对她大发脾气。或许女儿觉得自己已经长大了，所以开始反抗我。

女儿怒气冲冲地对我喊："我讨厌你这样对我发脾气，米莉的妈妈就不这样，她总是很和蔼地跟米莉讲话。"女儿的神态恐怕很像当时正发火的我。

女儿的话让我震惊，她的话甚至深深地刺激了我：我一直努力做个好母亲，难道在女儿的眼里，我并不是一个好母亲？

女儿的话让我开始反思，我逐渐意识到了自己的错误，心里很愧疚。我告诉自己，以后决不再以如此简单粗暴的方式对待女儿。

我很感激女儿，她看到并指出了我的问题，促使我去改正。事实上，每次与女儿发生冲突、每次遇到教育的难题时，我都努力去思考，设法从中悟出一些道理。

感谢我的女儿，是她成就了我，给了我学习、成长的机会，让我不断向着好母亲的目标前进。

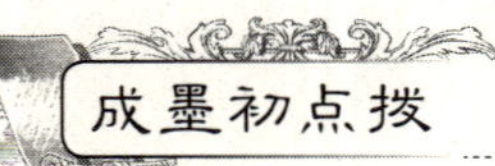

好母亲首先自己要是优秀的人，注重从各方面加强自己的修养，做孩子的好榜样。而且，好母亲会很有智慧地爱孩子，会以孩子的幸福快乐为根本，以孩子独立、健康的成长为根本。

保姆不可取代父母

抚养和教育孩子是很辛苦的事，为了避免这样的辛苦，或为了自己所谓的事业和自由生活，有些父母会把孩子交给奶妈或保姆抚养。

在我看来，这种父母的做法很愚蠢。因为，奶妈、保姆或保育员等人对孩子的照顾，永远不能取代父母对孩子的照顾和养育。

我前面提到我的女友安娜就是一个鲜活的例子。

安娜放弃了自己做母亲的责任，把儿子从小就交给保姆照顾、喂养。保姆只是保证孩子吃饱穿暖、不哭不闹，却顾不上对孩子进行教育，而且，她还时时处处限制、约束孩子的行为，这也不许孩子做那也不许做。

对保姆来说，这样做最省事、省心。听安娜讲，这位保姆为了让孩子听话、安分守己，会给他讲恐怖故事或扮鬼脸，或者会用“你再哭闹魔鬼就来吃你”的恐怖语言吓唬孩子。

了解到这些情况后，我觉得安娜作为一个孩子的母亲非常不负责任。为此，我建议她辞掉保姆，自己来照顾孩子，即使再辛苦也要自己带。

保姆很难会像父母那样对孩子的健康成长尽心尽责，这会让孩子错过很多发展潜能的良好时机。而且，因为有些保姆的素养不高，孩子会从保姆身上学到很多不良的东西。

因此，做父母的要承担起自己养育孩子的责任，尽可能自己照顾和教育孩子。

我们知道，所有的动物都会亲自养育和照顾幼崽，这是动物的本能。在人类社会中，父母照顾和养育自己的孩子也是义不容辞的责任。

但可惜的是，很多家庭富裕的父母，为了享受自己的自由或省却养育孩子的麻烦，常常把孩子交给保姆抚养，这实在是父母很不负责任的举动。

保姆照顾孩子时，不会让孩子自由地展现自己，她们只会不断地抑制孩子的很多行为。这样，就会阻碍孩子的大脑发育，不利于孩子潜能的开发。

保姆愿意帮助我们照顾孩子，是因为我们付给她们报酬，保姆很少会关心孩子的精神健康成长。

我也曾经雇过保姆，尽管这位保姆很尽职，但在我看来，她在养育孩子方面仍然达不到我的要求。

比如，给女儿洗澡时，我会设法让她爱上洗澡，使她逐渐养成爱洗澡的习惯。我会把玩具放在洗澡盆里，教她如何给玩具洗澡，女儿给玩具洗澡，同时我给女儿洗澡；或者我会给她讲有关洗澡的故事，激发女儿对洗澡的兴趣等。

保姆给维尼弗雷特洗澡时很少会这么做，她只是尽心尽责地帮助女儿把身体洗干净，她不会教育和引导女儿自己洗澡，更不会激发女儿对洗澡的兴趣。

吃饭时，我会设法教女儿怎样自己吃饭、怎样使用叉子和勺子。刚开始学习自己吃饭，女儿总是弄得满地狼藉，但我不在乎，尽量让女儿多练习自己吃饭。

而保姆却很少这么有耐心地教女儿学习自己吃饭，她只会亲自喂女儿吃饱，因为这样省事、省时、省力。但是，这却会让女儿的自理能力得不到发展。

女儿一两个月大时，我就给她朗读一些诗歌或韵文。但是保姆不会这么做，我这样做时，她甚至不以为然，她觉得孩子那么小听不懂这些，我只是在浪费时间和精力。

但我相信，我的做法是对的。我所做的，对孩子的健康发育和成长是有利的，而对孩子这些方面的训练和教育都是父母的责任。

当然，如果家庭比较富裕或者父母工作很忙，可以雇保姆。但父母最好把更多家务交给保姆去做，教育孩子的事情则不能完全交给保姆，父母应该承担教育孩子的主要责任。

如果父母实在没有时间和精力照顾孩子，必须雇保姆来照顾，也要选择合适的保姆，不能马虎随意、随便找个人就算了。

找照顾孩子的保姆时，要尽可能地找那些有知识、有教养、了解孩子心理并懂得教育孩子的人，这样的保姆能给孩子较好的教育和影响。

如果找不到我说的这种理想的保姆，父母就要设法选择那些性格和人品好的人来做保姆，比如找性格开朗、善良、有修养的妇女来照顾孩子。

父母绝不要找那些缺乏修养、言行粗鲁的人来照顾孩子，这样的保姆会给孩子更多负面、消极的影响。

照顾孩子，保姆也是需要学习的。如果雇的保姆愿意不断去学习养育孩子的经验，那也是不错的。在我们家，保姆帮我们照顾维尼弗雷特时，我就会教保姆一些养育孩子的方法，以使她用科学的方式照顾我的女儿。

庆幸的是，我们家的保姆性格比较好，对孩子很有责任心。虽然她的年龄比较大，一些观念和做法比较难改变，但为了孩子，她还是愿意努力去改变自己。

在我们家，我会尽量把家务活交给保姆去干，而养育女儿的事情则主要由我和丈夫承担。

成墨初点拨

父母的爱和教育绝不能在孩子的成长中缺席。父母无论有多忙、有多困难，也尽量不要把教育孩子的责任全权托付给保姆或其他人，而要尽可能地多抽出时间来亲自陪伴、教育孩子。

教育孩子，先改造父母

孕育孩子是父母的选择，而不是孩子的选择。因此，对孩子而言，有什么样的父母不是他自己能左右的，而是命运所决定的。

我相信，每个父母都很爱自己的孩子，为了孩子，大多数父母都会辛苦地付出，甚至牺牲自己。

父母这样做，孩子并不会理所当然地尊重父母、感恩父母，也不一定完全地顺从父母、听从父母的安排。

父母觉得自己为孩子付出了很多，孩子就应当听话、感恩，应当按照父母的意愿去好好读书、做事。否则，就是不孝。

但是，孩子有自己独立的人格，有自己独立的思想和情感，不可能完全遵从父母、按照父母的意愿去成长。

生活中有很多这样的事例，父母辛辛苦苦地养育孩子，孩子却违背了父母的意愿，朝着与父母的期望相反的方向去发展，甚至成为对父母、对家庭、对社会有害的人。

出现这样的情况，是因为什么呢？

我认为，其中一个非常重要的原因就是，父母只想教育和改造孩子、解决孩子的“问题”、消除孩子的不良行为，却不注意自身的修养，让自己成为好父母。

这样，父母在孩子的心目中就缺乏威信，孩子也不愿意听从父母的教导。

很多父母总按照自己认为正确的方式去教育孩子，但这些方式却可能是孩子不喜欢的、错误的。当父母对孩子的教育没有达到自己的期望时，就会责怪孩子，而不是反思自己的行为。

我的邻居玛丽就是一个例子，她经常会不公平地对待自己的儿子。

有一次，玛丽6岁的儿子在帮助妈妈浇花。因为妈妈很少让儿子浇花，儿子的动作不熟练，结果他将地上、身上弄得满是泥和水。

玛丽看到这种景象，生气地叫道：“你怎么这么笨？你看你弄得多脏啊！”

儿子无助地看着眼前一片狼藉的场面，眼神黯淡下来，刚才浇花的兴奋一下子就消失了，那表情似乎在说：“我真笨，连花都浇不好。”

我家的花园和玛丽家的花园隔着一道篱笆，我清楚地看到了他们母子俩的举动。

玛丽责怪儿子笨时，我在心里说：“孩子这样，不是他的错，而是你自己的错。”

事实就是这样的，玛丽疼爱儿子，不忍心让儿子做事情，她总是拒绝儿子的主动帮忙。

很多次，我都看到玛丽的儿子想帮她浇花，玛丽都会拒绝他说：“宝贝，你还小，浇不了花。”这样，她的儿子始终做不好浇花这件小事。

但是，儿子浇不好花，玛丽却责怪儿子，这对孩子真是太不公平了。在我们的生活中，很多父母都会做出这种愚蠢的事。

\>>>>>>>>>>>>>>>>>>>>>>>>>>>>>>>>

当孩子做错事或出现某种行为问题时，我建议父母不要急于去责怪孩子，而首先要反思自己，反思自己的教育方式是否有问题，反思自己哪里做得不好。

在教育女儿的过程中，每次女儿出现“问题”，我和丈夫都努力做到先反省自己而不是责怪女儿。

女儿3岁时，有一次，她一个人在玩玩具。我做好晚饭，去叫女儿来吃饭。

我对正专心玩玩具的女儿说：“宝贝，吃饭了，吃完饭再玩好不好？”

女儿大概没听到我的话，只顾玩自己的。

我又对她说：“宝贝，我们去吃饭好不好？”

女儿抬起头，看了我一眼，没有说话，仍继续玩。

“我们去吃饭好不好，宝贝？”我第三次对女儿说。

“不。”女儿坚决地说，继续玩。

见女儿如此不听话，我很生气，再加上我那天工作劳累，情绪不好，就不由分说地将女儿的玩具收了起来，准备拉着她的手去餐厅。

没想到，女儿却开始发脾气，她使劲地甩开我的手，对我拳打脚踢，还歇斯底里地大喊大叫，并将我刚摆好的玩具弄乱。

女儿的表现让我更生气，但我努力克制住了自己，仅几秒钟，我突然意识到自己的错误。女儿发脾气，正是因为我的“霸道”和“专制”，我没经过她的同意就收起玩具并强制她去吃饭。

意识到这一点，我马上跟女儿道了歉，并蹲下来拥抱了她。

此后，每次女儿做出让我不快的举动，我都设法先平静自己的情绪，并思考为什么会这样，是否我哪里做错了。

\>>>>>>>>>>>>>>>>>>>>>>>>>>>>>>>>

孩子在不断成长，新的问题也会不断出现，所以，我认为，做父母的要不断地学习。而且，父母不是完人，也有很多缺点和不足，在教育孩子方面也是如此，不可能总是对的。

在养育女儿的过程中，我会发现她总是“问题”不断，会做出很多让我烦恼的事情，比如不好好吃饭、故意弄坏物品、伤害小动物、对人不礼貌，等等。

在女儿成长的每个阶段，我和丈夫总会面临不同的新问题。似乎女儿的问题没有尽头，我和丈夫面临的挑战也没有尽头。

面对女儿的各种问题，如果我们不随时调整、改变自己，始终用老经验教育女儿，始终用同样的标准要求女儿，那么，我们的教育可能就没有效果，而我们和女儿也都会增添很多烦恼。

孩子每天都在成长变化，会面临新的成长课题和挑战任务。这要求我们做父母的也要随时适应孩子的变化，在教育实践中不断探索和创新，跟上孩子成长的步伐，这样才能正确地引导和帮助孩子健康成长。

因此，智慧的父母不能保守，而要与时俱进，与孩子一起成长，随时了解孩子的成长和变化，通过读书、思考、创新来不断改进自己的教育方式，改变自己对孩子成长不利的观念和做法。

成墨初点拨

对教育孩子这项工程而言，学习和成长是每位父母的功课。要成为优秀的父母，首先要做的是不断改造自己，改造自己与孩子的健康成长不吻合的思想和做法。

父母要做孩子的好榜样

我……前面提到过，母亲要做孩子的好榜样，同样，父亲也要成为孩子的好榜样。因为母亲和父亲都是孩子最亲近的人，是孩子最容易模仿的对象。

父母与幼小的孩子朝夕生活在一起，他们的言行很容易被孩子模仿。因此，要培养出优秀的孩子，父母首先就要成为优秀的人，做孩子的好榜样。

我有一位女性朋友，她性格温和，很有内秀，且举止优雅，朋友的这种性格和举止也影响到了她的女儿。

有一次，我去参加一个宴会。朋友和她5岁的女儿也参加了，那次宴会中还有其他三个和朋友的女儿差不多大的孩子。

服务生刚将一盘菜端上餐桌，另外三个孩子就争先恐后地拿刀子、动叉子，想要尽早品尝到美食。

但朋友的女儿却只是安静地坐在自己的位置上，微笑着等待其他人开始吃东西，大人都称赞她是个有修养的小姑娘。

我认为，正是朋友的良好品行潜移默化地影响了女儿，使她成为一个优雅的小女孩。

女儿出生后，我和丈夫互相勉励，设法在言行、性格、态度等方面都严格要求自己，努力成为女儿可以模仿学习的好榜样。

我和丈夫都希望女儿爱学习、爱读书，但我们没有强制女儿去学习、读书，而是要求自己每天都认真读书，我相信我们的行为会有效地影响女儿。

事实上，女儿还很小的时候，我就每天都抽空读书。每次照顾女儿喂她吃完奶，我就常常坐在她的摇篮边，拿起一本书来看或者读书给女儿听。

同样，我的丈夫也是个很用功的人，他每天都坐在书桌前读书学习。

随着维尼弗雷特的长大，我和丈夫这种每天读书的习惯一直坚持着。女儿学会阅读后，虽然我们从不催促她读书，但她也养成了每天读书的习惯。我想，这与我和她爸爸的榜样影响是分不开的。

\>>>>>>>>>>>>>>>>>>>>>>>>>>>>>>>>>

对于小孩子来说，榜样的力量是很大的，尤其是孩子喜欢的、最亲近的人，更会极大地影响孩子。

父母的言行习惯会影响孩子，父母的品格、做事做人的态度等都会深深地影响到孩子。

维尼弗雷特快3岁时，我曾在医院做过一个手术。手术后有很长一段时间，伤口一直很痛，那段时间对我来说真是难熬。

但看到年幼的女儿，我努力去做一个坚强的母亲，成为女儿坚强勇敢的榜样。因为我知道，我对于痛苦的恐惧、我的软弱会影响女儿的个性。

尽管我难以掩饰自己的痛楚，但在女儿面前，我从不会表现出任何的沮丧和怯懦。我会设法让女儿知道我的伤痛和感受，同时，我也会告诉她，妈妈会勇敢地面对疼痛、战胜病魔。

那段时间，维尼弗雷特并没有因为我不能陪她玩、不能照顾她而觉得沮丧，她被我的坚强乐观感染了，很多时候，她会主动为我朗读文章，以减轻我的寂寞和疼痛。

后来，维尼弗雷特每次生病时，尽管她时常会觉得痛苦，她还是会安静地听我给她朗读，很少表现出沮丧的情绪。显然，她学会了勇敢地面对痛苦，这正是我所希望的。

做优秀的父母并非一定要有丰富的教育专业知识，只要在各方面严格要求自己，一言一行都做孩子的好榜样。这样，培养出一个优秀的孩子也就是很简单的事情了。

以正确的态度教育孩子

无论是成人还是孩子，都很反感别人命令、强制自己做这做那。所以，在教育女儿的过程中，我从不用命令或强制的方法让她去做某事，我会与她商量，征求她的意见，让她自觉自愿地去做。

使用命令或强制的方式让孩子去做某事，会让孩子感到不被尊重。即使父母的要求是正确的，孩子也不愿意服从命令。

我的朋友劳拉经常用命令或强制的手段让女儿珍妮去做事，劳拉的这种做法非但不能得到女儿积极的响应，还常常让母女俩处于对抗中。

劳拉曾向我描述过她和14岁的女儿之间发生的一件事：

一个周末，珍妮想去同学家里过夜，她把这个决定告诉了妈妈。

没想到劳拉不同意，她严肃地说："不可以，你不能到同学家过夜。"

珍妮说："可是我已经跟同学说好了，我必须去。"

"不行！"劳拉以不容商量的口吻说。

劳拉曾听说，有个孩子到同学家过夜，结果出了一件麻烦事。那一天，同学母亲的贵重首饰不见了，他们就怀疑是到他们家过夜的那个孩子给偷走的。

劳拉不希望女儿也遇到类似的事情，所以她坚决不允许女儿到同学家去过夜。

见妈妈如此坚决地反对自己，珍妮非常愤怒，她吼道："凭什么？我就要去同学家，你不要管我。"

"我是你妈妈，我不能不管你，我是为你好，你哪里都不能去，这是我的命令。"

事实上，珍妮一直反感妈妈对她的"专制"，这一次，她仍然很坚决地反抗妈妈："我就要去，你管不着。"说完，她转身进了自己的房间。

面对常常不服她管教的女儿，劳拉很烦躁。作为一名母亲，她感受到了强烈的挫败感，总是与她对立的女儿让她焦头烂额，她不知道怎样对付这个逐渐长大的女儿。

事实上，我认为，劳拉母女俩的这种状态完全是劳拉自己造成的。从女儿小时候起，劳拉就总是这样命令她，而女儿也常常会反抗妈妈的命令，这总是让母女俩都很不开心。

>>>>>>>>>>>>>>>>>>>>>>>>>>>>

很多父母都希望自己的孩子听话、服从父母，因为这样，孩子管教起来比较省心。

孩子都有自己的想法和愿望，希望按自己的想法、愿望去做事，但这样做可能会与父母对孩子的期望相反。于是，有的父母就要求孩子放弃自己的想法和愿望，按照父母的期待和标准去做事。

父母要求孩子听话、服从，是借家长的优势来控制孩子，让孩子按照父母期望的方向去发展。如果孩子没有听话、服从，父母就觉得自己的权威受到了挑战。

父母这样做，其实是对孩子的不尊重，是对孩子自由的侵犯，这必然会引起孩子的反感或反抗。

我丈夫有一个朋友，他的儿子比维尼弗雷特大3岁，丈夫的朋友听说维尼弗雷特各方面都很出色，而自己的儿子却很差，就开始要求儿子学习很多东西。

他要求儿子学绘画、音乐、写作以及其他各门学科，不管儿子喜欢不喜欢、愿意不愿意，儿子若不喜欢学，他就硬逼着儿子去学。

这位父亲曾这样对我丈夫说："我儿子比你女儿大几岁，很多方面却不如你女儿，我这做父亲的很没面子。他不争气，所以我得逼着他好好学。"

我认为，这位父亲期望孩子好学、上进，这没有错，但他却不顾儿子自己的意愿，强迫孩子去学某些东西，这样只会起到反作用。

他不是因为让儿子获得求知的快乐、获得成长而去学各种知识，而是因为儿子不够优秀丢了他的面子才要求他去学。实话说，这种想法、做法很功利，我觉得，这样诱导孩子学习的动机是错误的。

我和丈夫从不要求女儿绝对服从我们，不会按照我们的期望和标准去塑造她，我们尊重女儿的意愿和喜好，她快乐才是最重要的，她能快乐、自愿地去学习、去做事才是我和丈夫所希望的。

>>>>>>>>>>>>>>>>>>>>>>>>>>>>

我们知道，要得到别人的尊重，自己首先要尊重别人，对待孩子也是如此。

父母比孩子高大健壮，比孩子有更多的生活和人生经验，比孩子掌握了更多的知识。但即便如此，父母与孩子也是平等的，在平等的基础上对孩子实施教育才会有效。

事实上，父母与孩子产生矛盾或者对孩子的教育无效，常常是由于父母太"专断"造成的，父母用自己的语言、行为、表情去暗示或明示孩子遵从自己的意愿，这常常会让孩子觉得反感。

有一段时间，我丈夫一直很忙，很少有时间陪女儿，也没有时间带她出去玩。

有一个周末，丈夫休假，正好有一整天时间可以陪女儿，他打算带女儿出去玩。

于是，在准备出去玩的前一天，丈夫对女儿说："维尼，爸爸明天不上班，有时间陪你。你明天想去哪里玩，爸爸带你去。"

听爸爸这样说，女儿很高兴，她说："哇，太好了！爸爸，我们去野餐好不好？"

丈夫有些为难，他说："不行，去野餐很麻烦，要花很多时间。"

"那我们去剧院看儿童剧吧！"

这次，丈夫又面露难色，说："剧院有点吵，爸爸想清静一下，我们去一个清静的地方玩好不好？"

小孩子大多喜欢热闹，丈夫的这一提议让女儿不高兴了，她脸上的兴奋消失了，噘着嘴巴说："那随你便吧！"

丈夫发现了女儿的不高兴，但他依然说："你选择吧，我是陪你去玩。"

"随便。"女儿赌气似的说，看来她真的生气了。

过了一会儿，我和丈夫就此事交流了一下。我认为，在与女儿商谈去哪里的过程中，丈夫表现得有点"专制"。因此，我委婉地建议他，不要强势、直接地拒绝女儿，而要与她平等地协商和沟通。

孩子虽然小，但他也有自尊，不喜欢父母以高高在上的姿态压制他、命令他、逼迫他、指责他，要平等地与孩子协商，站在孩子的角度潜移默化地引导，将会收到更好的效果。

成墨初点拨

父母的教育态度会影响教育的成败，成功的父母在教育孩子时不功利、不逼迫、不专断，不要求孩子绝对服从自己，而是尊重孩子、全然接纳孩子，以平等的态度逐步引导孩子。

第2章 科学养育保障孩子身体健康

我们都知道，健康的身体是一切（包括财富、成功、工作、生活等）的根本。儿童时期是为成人后的身体健康打基础的阶段，所以，父母尤其要注意孩子的身体健康。

要保障孩子有健康的身体，父母就要用科学的方法来养育孩子，从怀孕时期甚至孕前就应为孩子的健康成长创造有利的环境和条件。

斯特娜夫人将女儿培养成了一个天才，但她做到这一点并没有以牺牲女儿的健康为代价。相反，她非常重视女儿的身体健康。

事实上，维尼弗雷特的确是个身体健康的孩子，这得益于斯特娜夫人从饮食、生活习惯、身体锻炼等各个方面对她的照顾和教育。

在还未成年的儿童期，孩子的身体一直都处在成长发育的阶段，尤其是婴幼儿期和青春期这两个重要阶段，这需要父母从各个方面科学地抚养孩子。

为了让腹中的宝宝更健康

怀孕时，母亲的健康在很大程度上影响着孩子的健康。因此，母亲在怀孕时甚至在怀孕前就要注意保持自己的身体健康。

为了生养一个健康的宝宝，我从知道怀孕起就保持良好的生活习惯，这对我和胎儿的身体都有好处。比如，我会按时作息，早睡早起，适当进行身体锻炼，不吸烟、不饮酒，细心呵护自己的身体。

我曾听说，有一位妈妈很喜欢喝酒，即使怀了孕也常常喝酒。虽然她也知道酒精对胎儿不好，但常常控制不住自己。结果，她的孩子出生后智力低下。

我想，这很可能是妈妈孕期喝酒导致的。母亲只想着满足自己的口欲，却不考虑孩子的健康，这真是不负责任的母亲。

以前，我很喜欢旅行，在怀孕后，为了避免劳累，我就不再到很远的地方去做长途旅行，而是每天下午在室外散步。

听一位医生说，适当地晒晒太阳对胎儿的发育有好处，虽然我讨厌晒太阳，但为了宝宝的健康，我还是每天抽时间出去晒晒太阳。

怀孕的时候，我会非常注意不让自己生病，因为生病时，母亲很容易把病毒传染给胎儿，而且吃药也会对胎儿造成伤害。

总而言之，在孕期懂得爱惜自己的身体，克服各种不良的卫生和生活习惯，保证自己的身体健康，这是一位称职的母亲应该做到的。

当然，仅有身体健康还是不够的。为了腹中的胎儿更健康，准妈妈还需要保持良好的心情、平和的心态。

母亲在孕期的精神状态也会极大地影响到胎儿，如果母亲在孕期心情不好、烦躁或恐惧不安，这些不良情绪就会干扰到大脑、心脏以及其他器官的正常工作，这都会影响胎儿的健康。

我就是这样，知道自己怀孕后，除了注意身体外，我还设法保持好心情，尽力保持积极乐观的心态，让自己每天都开开心心的。

为此，我会经常想那些美好的事物和事情，每天去做自己喜欢做的事情，阅读自己喜欢的书籍等，这些都会让我保持好心情。

不过，怀孕时我也会遇到一些烦心事，这是难免的。

有一次，我花了很长时间写好了一篇论文，我对自己写的这篇论文很满意，也很有成就感，毕竟我付出了很多精力、花了很多心思。

可就在我欣赏自己的论文时，不小心碰倒了旁边的一杯水，水洒到了我的论文稿纸上，钢笔字洇湿得模糊一片。

顿时，我觉得好沮丧。当时是怀孕后期，我时常会觉得累，这篇论文可是我辛苦很久的劳动成果啊！

就在此时，宝宝在肚子里突然踢了我一下。我很惊讶，难道她也能感受到这一切？这时，我想到我不能难过，不然肚子里的宝宝可能也会难过。

因此，我设法调整自己的情绪，在心里对自己说："我能写出这篇论文，这表明我有才能，如果再写一遍，说不定会写得更好呢。"

当这样想的时候，我就不再那么沮丧了。

就是这样，怀孕时遇到不开心的事，我都会设法去想事情积极的一面，努力让自己快乐起来，用积极的情绪感染肚子里的宝宝。

>>>>>>>>>>>>>>>>>>>>>>>>>>>>

胎儿的健康与母亲的饮食和摄取的营养有非常大的关系。因为，胎儿要发育自己的身体，需要大量的营养。

因此，怀孕后，我特别注意通过各种饮食摄取丰富的营养。我尽可能地吃那些健康的食品，对胎儿有害的食物我绝不吃，即使我很喜欢吃。

我以前很喜欢喝咖啡，但后来知道孕妇喝咖啡对胎儿不好，因为咖啡因容易使孕妇兴奋过度、心动过速，这种状况对胎儿也不利。因此，怀孕后我就放弃了喝咖啡。

体内过多的盐分和糖分都可能影响胎儿的身体健康。因此，怀孕后，我就尽量少吃甜的和咸的食物，以前很喜欢吃的小甜饼、甜点心等食物都很少吃了。

不管怎么说，准备怀孕和已经怀孕的准妈妈，为了胎儿的健康，都要注意自己的饮食，多吃健康卫生、营养丰富的食物，拒绝那些对胎儿不利的食物。因为，胎儿的身体发育会决定他出生后一生的身体健康状态。

有的母亲怀孕时生理反应很厉害，有时不想吃东西，可能会想吃就吃，不想吃就不吃。我认为，这样做对胎儿很不好，因为母亲吃得少，获取的营养物质少，胎儿就不能健康地发育。

我有一个朋友叫詹妮弗，她身材很瘦小，但奇怪的是，她的母亲和其他家人都身材高大健壮。从遗传的角度来说，詹妮弗应该也很高大才是。

我对此很疑惑，就这个问题请教詹妮弗的母亲。詹妮弗的母亲告诉我说，怀詹妮弗时，家里发生了一些不幸的事，她心情不好，也常常不想吃东西，每天都吃得很少。

我想，这应该就是詹妮弗出生后身体瘦小的主要原因吧！尽管詹妮弗出生后家人对她百般呵护，设法让她吃各种美食、给她增加营养，但她一直比大多数同龄孩子都要瘦小。

詹妮弗的妈妈怀她时，吃的东西少，摄取的营养少，这就使得詹妮弗的身体发育不充分，导致她出生后先天不足、身材瘦小。

我在怀孕初期也经常呕吐、吃不下东西，但为了肚子里的宝宝健康，我会设法多吃一些有营养的食品，以保证胎儿的身体发育。

正是如此，怀孕时我在很多方面都很注意，使得维尼弗雷特出生后一直比较健康。

孩子出生后的健康情况在胎儿期就已基本决定，这需要父母尤其是母亲，在孕前和孕期要充分做好各方面的准备，注意保养好身体、加强营养、保持良好的精神状态。

金汁银汁不如母亲的乳汁

女儿出生后，我仍然非常注重她的身体健康。我想，对于新生婴儿来说，身体健康应该是最为重要的。

对于婴儿的身体健康，首先要考虑的就是食物喂养。我认为，婴儿最好的食物是母乳。让孩子吃母乳不仅对婴儿有好处，对母亲也很有好处。

每次喂女儿吃奶，我都会觉得非常幸福，看着自己创造的这个小生命，看着她吸吮着我的乳汁，我会非常有成就感。

其实，女儿还没出生，我就知道母乳是婴儿最好的食品。我的母亲也非常重视母乳的作用，在我怀孕时，她就时常对我说："金汁银汁都不如妈妈的乳汁。"

有些母亲，生了孩子后为了尽快恢复自己的体形，会放弃母乳喂养，因为她们担心喂奶会影响自己的体形。

事实上，哺乳反而有利于妈妈体形的恢复。放弃哺乳的做法很不明智，对婴儿的健康也是不负责任的。

对婴儿来说，母乳是最天然、最理想的食品，无论有什么理由，母亲都不可放弃母乳喂养。

教育家卢梭曾说："在上帝眼中，拒绝哺乳的母亲是可憎的。"母乳的巨大作用是毋庸置疑的，有的国家还将母乳喂养作为社会改革和发展的一项重要目标。

英国人曾经用羊奶喂养初生的婴儿，后来，养奶牛的人越来越多，人们就用牛奶来喂养婴儿。但这种喂养方式导致了婴儿的死亡率上升，这种现象给母亲们敲响了警钟。

母乳可提高孩子的免疫力，有些没有吃到母乳或吃母乳很少的孩子，身体发育可能会不足，比如经常生病、罗圈腿、身材瘦小等。

根据科学家的研究分析，美国的孩子之所以有很多得了佝偻病，大多数是因为缺乏母乳的缘故。

维尼弗雷特出生后，我一直坚持母乳喂养。女儿的身体一直比较健康，她很少生病，且拥有美丽的肤色。我想，她有这样健康的身体，在很大程度上是因为我一直坚持母乳喂养。

\>

婴儿如果饿了、渴了，就会感到不舒服，会哭。女儿刚出生时，她因为饿了或渴了而哭的时候，我就把自己的乳头放进她嘴里。

最初，女儿总是躲开我的乳头，不停地哭。她大概还不知道乳汁可以满足她、让她不再饥饿，也不知道吃了乳汁会感到舒服。

此时，我会耐心地引导女儿，设法让她学习吸吮我的乳头，让她懂得吸吮乳头会满足她的饥饿感、让她感到身体舒适。

我不会强迫女儿吃奶，也没有强制性地把乳头塞到她的嘴里，我只是用乳头轻触她的嘴唇。因为我知道，吸吮是婴儿的一种先天能力，她能很容易地学会。

我把女儿抱在怀里，微笑地看着她，不时将乳头轻轻地放到她的嘴唇边，轻触她的嘴唇，我会耐心地等待她自己主动吸奶。在这个过程中，我会用眼神鼓励她或轻轻哼着歌与她交流，设法诱导她吸奶。

经过多次尝试，女儿逐渐明白了乳头是她的食物来源，也学会了吸吮乳头来满足自己的食欲。

很快，女儿吸吮乳头就很自然、很熟练了。后来，只要我的乳头一碰到她的嘴唇，她就会轻松安详地吸吮起来。

\>

给女儿哺乳时，我始终坚持这样一个原则，那就是充分满足她的饮食需要，只要她饿了就给她吃奶。

最初几天，我差不多每两个小时给她喂一次奶。如果到了该吃奶的时候她还在睡觉，我不会喊醒她，而是等她自己醒来，如果她饿了就会自己主动找奶吃。

婴儿饿了会哭，但婴儿哭并不都是因为饿。因饥饿而哭与因为其他原因而哭，哭声常常是不同的。我会仔细分辨女儿的哭声，分辨她是因为饥饿还是因为其他原因而哭，然后对症解决女儿的问题。

此外，在给女儿哺乳的那段时间，我从不使用香水或其他化妆品。我认为，这些化妆品往往含有对婴儿有害的化学物质，这些物质会渗进母亲的乳汁，被婴儿吸入体内。

婴儿的嗅觉很敏感，母亲的体香才是她最喜欢的气味，如果母亲使用有其他气味的化妆品，可能会让婴儿误以为不是自己的妈妈。

我就有过这样的经验。那一次，我用了一种有淡淡香味的护肤品。结果，当我将女儿抱在怀里想给她喂奶时，她闻到我身上的这种气味后开始哭起来，拒不吃我的奶，甚至想用胳膊推开我。

当时，女儿哭了好几分钟，在此过程中，我不断地跟她说话、给她唱歌，不断用乳头轻触她的嘴唇，她这才慢慢停止了哭闹，看了看我，然后开始放心地吃奶。

成墨初点拨

母乳是孩子最好的食品，它不仅对孩子的身体健康很重要，对孩子的心理健康、良好亲子关系的建立都很重要。做母亲的，无论如何都要设法让孩子在生命之初吃到自己甘甜的乳汁。

均衡营养很重要

孩子要保证身体健康，需要合理均衡的营养，任何一种营养缺乏或过量，都有可能使孩子的大脑或身体其他部位的健康出现问题。

丰富合理的饮食是合理、均衡营养的主要来源，而供给孩子大脑合理的营养，是保证其智力正常发展不可缺少的条件。

有一位生理学家曾经说：

“任何营养的不足，都会影响人体内某些神经信息的传递，并影响到人相应的行为。而身体或精神方面的问题，可以通过改善神经信息的传递而获得修正，这可以通过调节人的饮食来做到。”

这位生理学家还描述了一些损害大脑的营养不良的情况，他特别说明了人体缺乏油酸对大脑的危害。油酸是一种多元不饱和脂肪酸，它不能由人体自发产生，而是存在于动植物油脂中。

他写道：“油酸是大脑正常工作至关重要的营养物质，没有它，大脑就不能修复。这样，就会造成人的动作不协调、失忆、冷漠、发抖等现象。”

在孩子中，因为营养不足而引起大脑功能降低或大脑损伤的情况也有很多。

为了保证孩子的大脑正常发育，使其高效运转以胜任各种脑力劳动，父母就要合理安排孩子的饮食，给孩子提供丰富而均衡的饮食，满足孩子所需要的各种营养物质。

>>>>>>>>>>>>>>>>>>>>>>>>>>>>>>>>

我的保姆有一个儿子，很胖，他的体重比同龄孩子高很多。这个孩子好像天生胃口很大，常常是吃不饱的样子。

不仅是身体肥胖，这个孩子有一些行为上的表现也让我们担忧，他反应迟钝，看上去有些呆傻，无论是学习还是生活中，他总是慢半拍。

而他之所以这个样子，是因为他总是吃得很多。

研究表明，如果孩子总是吃很多东西，超过身体需要的食物量，就会影响大脑的健康发育，导致大脑功能降低，出现人们说的“越吃越傻”的状况。

饮食过量会加重消化器官的负担，使得大脑更多地去协调消化器官的工作，而控制语言、记忆、思维等智力活动的神经功能却常常受到抑制。

长此以往，控制智力活动的大脑神经其敏感度和功能就会降低，人对新事物、新知识，对探索和求知就会越来越失去兴趣。这大概就是人“越吃越傻”的主要原因吧！

如果孩子合理均衡地饮食，合理均衡地摄取营养物质，其身体发展、大脑工作就会比较协调，孩子就会身体健康、心情愉悦，其大脑的功能也能得到更好地发挥。

18世纪法国著名思想家伏尔泰，年轻时曾得过胃病和天花，这让他的身体状况很糟糕，只能靠药物来维持。

但是药三分毒，过多服药让伏尔泰经常头晕眼花，身体也很不舒服，这给他带来了极大的痛苦。尽管身体健康堪忧，伏尔泰却活到了84岁。

他长寿的秘诀是，除了要有坚强的生存意志，最重要的一点就是合理饮食、均衡营养。

伏尔泰严格遵守节制饮食的原则，绝不暴饮暴食。比如，他早餐吃少量面包、牛奶或咖啡，中午吃些巧克力等，晚上吃清淡的蔬菜和汤。他很少吃较油腻的食物，少喝酒、少吃肉。

当然，伏尔泰的食谱并不适合所有人，谈到他，我主要是想说明，要根据自己的实际情况合理饮食，不能过量饮食，对孩子更是如此。

>>>>>>>>>>>>>>>>>>>>>>>>>>>>>>>>

女儿1岁多时，我开始给她断奶。当然，这也经历了一个过程，逐步减少她吃奶的次数，直至完全断奶。

刚开始准备断奶，我主要给女儿喝纯牛奶，正餐之间再给她添加蛋羹、蔬果等食物。此时，孩子的营养主要不是来自母乳，而是来自每天的正常饮食。

喂养女儿时，我非常注意食物的搭配，力求做到营养全面而均衡。完全断奶后，她就差不多可以吃菜、肉、鱼、豆制品、薯类等各种食品了。

我会尽可能地让女儿吃各种不同种类的食物，避免食物单调，也不过于偏重某一种或某几种食物。只有这样，才能确保她的营养全面而均衡。

当时，女儿不太喜欢吃蔬菜。我想，这可能是因为蔬菜纤维长，味道和口感都稍差些。为了让女儿喜欢上吃蔬菜，我设法把蔬菜做得更可口，或变着花样做各种蔬菜的饭食。

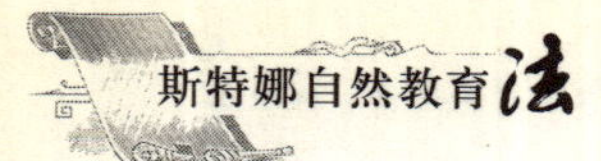

成墨初点拨

父母要学习一些简单的营养知识，科学地给年幼的孩子搭配食物，保证孩子吃到各种营养的食物，保证孩子摄取的营养全面而均衡。

良好饮食习惯的养成

身体健康是一切的基础，孩子有个好身体，才能进行其他的一切活动。

女儿很小的时候，曾经有人跟我开玩笑说："维尼弗雷特看上去身体健康，可能她不一定能成为天才了。"

他们这样开玩笑，是因为，当时有些人认为天才大都身体不健康，他们面黄肌瘦、眼睛近视，而如果孩子看起来很健康，就会被认为是"头脑简单，四肢发达"。

这是一种错误的观念。实际上，天才更需要强健的体魄，因为身体健康才能保证他们能进行更复杂、更多的智力活动。

我希望女儿智力突出，但更希望她身体健康，我也一直很注重她的身体健康。为此，我从小就培养她良好的饮食习惯，因为这是保证身体健康的重要一步。

从女儿五六个月起，我就开始给她添加不同的辅食，用少量牛奶或羊奶喂她，给她吃各种果汁、蔬菜汁、粥和汤，还给她吃香蕉泥、土豆泥、蛋黄、肉末等固体食物。

我这样做，是希望女儿能适应各种不同口味的食物，避免她养成挑食或偏食的坏习惯。

有些食物女儿最初可能不太喜欢吃，但我会变换食物的花样，比如把她不喜欢吃的蔬菜放到她喜欢吃的粥里，设法引起她对饮食的兴趣，让她能开心地吃。

我认为，从小帮助孩子养成不挑食、不偏食的好习惯很重要，这样可以使孩子摄入丰富、全面的营养。

>>>>>>>>>>>>>>>>>>>>>>>>>>>>>>>>

很多孩子喜欢一边吃饭一边玩，吃饭的时候，或者玩玩具，或者到处跑来跑去。

我认为，这种习惯也是父母给孩子养成的，这种习惯不好，父母要帮助孩子纠正。边吃边玩会影响孩子的消化，影响其身体健康和大脑发育。

维尼弗雷特小时候有一段时间也常常边吃边玩，正吃着饭，她可能会跑去玩一会儿玩具，或者去逗弄一下小猫等。这样，一顿饭她往往要吃很长时间。

每次女儿这样做，我就先把小猫关到另一个房间，将女儿的玩具收起来，然后让她安静地坐在餐桌旁。

如果女儿不同意，我就问她："吃饭的时候不能玩，玩的时候不能吃东西。你现在是先和小猫玩，还是先吃饭？你自己选择吧！"

如果女儿选择先和小猫玩然后再吃饭，我就说："好，你是和小猫玩两分钟呢，还是三分钟？"

小孩子没有时间概念，女儿会不假思索地选两分钟或三分钟。然后，我允许她去和小猫玩，到时间我再叫她来吃饭。

因为我们俩是事先商量好的，所以，女儿一般到时间就会乖乖地洗了手来吃饭。

有时，女儿喜欢一边吃饭一边说话。此时，我一般不会阻止她，除非她因为说话而忘记了吃饭。

吃饭时说话会让孩子吃得很慢，吃得也不专心，长久下去对孩子的健康不利。

如果女儿吃饭时讲话太多，我会适当地引导她，不会斥责她，也不完全禁止她说话。我只是设法把她的兴趣引导到食物上来，比如，我会说："这根香肠好漂亮，一定很好吃，我尝尝，你也尝尝。"

>>>>>>>>>>>>>>>>>>>>>>>>>>>>>>>>

小孩子喜欢吃美食，这是很正常的，因为这是人的一种本能。但如果孩子食欲过旺、太贪食，那就不好了。为此，在培养女儿的饮食习惯时，我会避免她过于贪食。

维尼弗雷特小时候有时也贪吃，尤其是遇到她喜欢吃的食物，她常常会没有节制地吃。

遇到这样的情况，我会和她约定，把食物分成多份，每天吃一份，每次吃的时候拿出一份，以此培养她的忍耐力，学会克制自己不贪吃。

发现女儿正贪吃某种食物时，我会设法转移她的注意力，让她把兴趣转移到食物之外。

好吃是人的天性，孩子偶尔贪吃也难免，重要的是父母要积极引导孩子。从养育女儿的过程中，我得知，只要孩子养成了有规律的饮食习惯，并且有丰富的其他活动的兴趣，孩子就不容易贪吃了。

总之，为了孩子的身心健康，父母要从小帮助孩子养成各种良好的饮食习惯，纠正不良的饮食习惯。

成墨初点拨

良好的饮食习惯从孩子开始学吃饭时，就要一点一滴地慢慢养成。从这一刻开始，父母要从每个小细节入手，保持孩子好的饮食行为，及时纠正其不良的饮食习惯。

不用食物作为奖惩的手段

食物是维持孩子身体健康发育的基础，但是有些父母喜欢把食物作为奖励或惩罚孩子的手段。孩子表现好、做得好就奖励他某种食物，或者孩子闯了祸、做得不好就禁止孩子吃东西。

很多父母认为这没什么不好。孩子喜欢美食，把美食作为奖励或惩罚孩子的手段，可以激励孩子的好行为或抑制孩子的坏行为。

但我却不这样认为，我觉得父母这样的做法很不恰当。在我看来，食物不应该作为奖励或惩罚孩子的手段，也不应该成为孩子不得不完成的一种义务。

如果把食物作为奖励或惩罚孩子行为的手段，可能会传递给孩子错误的观念，就是他的行为与食物有关系，这会给孩子以错误的行为引导。

比如，当孩子做了某件好事，父母奖励他某种他喜欢吃的食物。孩子会以为只有做这样的好事时才能得到这种食物，如果父母没有给他这种食物，他可能不愿再做这样的好事。

父母为了让孩子做某事而用食物来引诱他，有的孩子就可能为了获得自己喜欢吃的食物而去违心地做某事。

我从来不用美食贿赂女儿，也不用食物来惩罚她的坏行为。我觉得，我们应该让食物成为孩子为保证身体健康发育而自由享受的东西，我会把管教孩子和食物分开，让女儿轻松、愉快地进食。

>>>>>>>>>>>>>>>>>>>>>>>>>>>>>>>>

我的表妹有个儿子叫约翰。约翰6岁时得了厌食症，而这与约翰的母亲对他的管教方式有很大关系。

多年前，我见到约翰时，他很健康、活泼，面色红润，很有活力。但几年后再见到他时，我发现他瘦了很多，简直像变了一个人。

与表妹仔细交谈后，我才了解了事情的真相。

原来，约翰一直非常调皮，不听话，而他每次不听话，母亲就禁止他吃饭、禁止他吃其他东西。

有一天，约翰在玩一只瓷碗——这是母亲不允许他玩的东西，结果不小心将碗打碎了。母亲发现后就禁止约翰吃晚饭，以此来作为对他的惩罚。

晚饭时间过后，约翰大概是饿了，就偷偷溜进厨房去找东西吃。

这一幕正巧被母亲看见了。她严厉地问儿子："在干什么？"

约翰老实地回答说："我饿了，我想吃面包。"

"你还想吃面包？你打坏了一只碗，不能吃。"母亲说完，拉着儿子走出了厨房。

那天夜里睡觉时，约翰做了一个梦。

他梦见桌上摆着很多自己喜欢吃的食物，准备拿起来吃。就在这时，母亲出现了，身边还有一只高大的狗，它两眼盯着桌上的食物。母亲发现约翰又在偷吃东西，又一次狠狠地责备了他，那条狗也恶狠狠地扑了上来。

约翰吓哭了，并从噩梦中惊醒。

第二天早上，吃早餐时，约翰的母亲给他准备了牛奶和可口的点心。但是，约翰不想吃，那个噩梦抑制了他的食欲。

从那以后，约翰的食欲骤减，每天只吃很少的食物，甚至有时候他什么都不想吃。

我曾经问过约翰为什么不想吃东西，他说，每次要吃东西时，他就会想到那条狗，想到母亲会批评他，心里就害怕，就不想吃了。

看到约翰瘦弱的身体，我觉得很悲伤。我想，是那天晚上母亲的批评和禁止吃晚饭给他造成了伤害，使他对吃东西产生了恐惧。

为此，我批评了表妹，告诉她不要再用禁止吃东西的办法来惩罚孩子的错误，而要采用合理的方式教育他。

用禁止孩子吃东西的方法惩罚孩子，是一种笨拙而无效的方法，非但达不到好的教育效果，还可能会有其他的副作用。

成墨初点拨

食物仅仅是保障孩子健康成长的基础，父母尽量不要把食物用作奖励或惩罚孩子的手段，因为这可能会影响孩子的正常进食。

保障孩子具有健康的身体和大脑

有一次，在斯宾塞夫人家中的一次聚会上，维尼弗雷特给加拿大的几位大学教授介绍《世界语入门》。

几位教授了解到小维尼弗雷特能流利地使用世界语，并具有其他很多学科的丰富知识，他们都感到很惊讶，也很好奇我对女儿的教育。

在他们的邀请下，我简单地讲了自己教育女儿的过程。之后，一位教授对我说："斯特娜夫人，你这么教育孩子可不好，孩子这么小就学这么多知识，恐怕她会折寿。"

我笑着问教授："你觉得我女儿的身体弱吗？"

教授回答："这个时候还看不出什么问题，我是觉得，小孩子太多用脑不会长寿。"

虽然教授的话让我不舒服，但我还是平静地说："哦，是吗？"

我和教授正交谈的时候，维尼弗雷特跑到一边去，不时地蹦蹦跳跳，她精力很旺盛，也喜欢不停地动。

看着活蹦乱跳的女儿，我笑着对教授说："请看，我女儿正在吃药，运动是她最好的药，这让她很健康，她不会折寿的。"

我认为，只要让孩子注意身体健康，劳逸结合、多运动，让孩子多学点东西是不会折寿的。

我一直重视女儿的身体健康，鼓励她进行有益的身体锻炼，运动是她每天不能缺少的活动。除了身体锻炼，她也参加其他一些体育活动。

在身体健康的前提下，我才让她进行各种学习。我相信，身体健康会保证孩子有旺盛的精力，也会使得她的学习更高效。

>>>>>>>>>>>>>>>>>>>>>>>>>>>>>>>>

除了合理均衡的营养和适当的锻炼，为了使女儿拥有健康的身体和大脑，我还帮助女儿养成良好的生活习惯，保证睡眠。

小孩子正处于身体发育的关键时期，充足的睡眠非常重要。所以，我一直让女儿养成良好的作息习惯，按时休息，保证睡眠。

女儿四五岁时，我要求她晚上必须8点钟睡觉，每天至少睡10个小时。

对这一点，我一直坚决地执行，不允许女儿一天的睡眠时间不足10小时。我认为，孩子少吃一顿饭，只会饿肚子，精神不会受太大影响，但如果睡眠不足，第二天就会精神不振。

有一段时间，因为晚上总是玩不够，女儿常常到了该睡觉的时间也不愿去睡觉。

有一天，已经到了该睡觉的时间，女儿仍然不愿放下手中的玩具，我和丈夫多次哄她去睡觉，她都不答应。

我不想在女儿玩得正高兴时破坏她的兴致，但我觉得保证她的睡眠更重要。我不能破坏让她按时休息的规矩，因为一旦破坏规矩，就有第二次、第三次，会形成不好的习惯。

于是，我对女儿说："宝贝，你该睡觉了，我们已经约定好了，你8点钟就要去睡觉，你看，已经到时间了。我们不能违反约定，对不对？"

"不，我再玩一会儿。"女儿不听我的劝告。

"已经8点了，如果你再不去睡觉，妈妈就收走你的玩具。"我严肃地对女儿说。

女儿始终抱着玩具不肯撒手。

此时，我抓住女儿手里的玩具不松手，对她说："我要收走你的玩具，小孩子也要说话算话。"

我们母女俩这样僵持了好几分钟，谁都不肯松手。

我多次跟女儿强调每天晚上8点睡觉的约定，见我态度坚决，女儿最后妥协了，只得乖乖去睡觉。

除了保证睡眠，我还会帮女儿养成其他有益于身心健康的生活习惯，克服不良的生活习惯，如引导她多接触大自然、讲究个人卫生，学习时劳逸结合，以免大脑过度疲劳。

幸运的是，在我的教育和引导下，女儿的身体一直很健康。

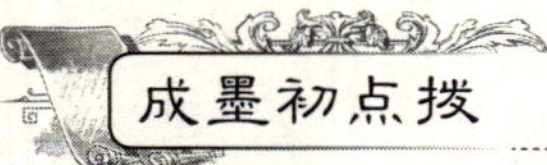

保证孩子的身体和大脑健康，父母要做很多工作，需从营养、锻炼、培养良好的生活习惯等多方面入手。父母需帮助孩子建立各种有益身心健康的生活方式，克服不良的生活习惯。

第3章 早期教育与五官训练

孩子一出生，教育就应开始了，这是斯特娜一直坚持的观点。她认为，孩子一出生，他的各种感官的感觉就已经开始发展了，有的感觉在胎儿时期就在发展。

而所谓的孩子受教育，无非就是通过其身体各种感官的感觉获得外界的各种知识和信息，并转化为自己内在的东西。

而且，斯特娜认为，对孩子的教育在婴幼儿时期比其他时期更加重要，因为这个时候孩子的各种感觉最敏感，也最容易接受教育。

对于女儿的教育，斯特娜正是坚持了这一原则：尽早实施教育，而且早期教育从训练女儿的五官开始。

的确，对孩子的早期教育绝不仅是让他认识几个字、学会算数那么简单。教孩子学会生存、教他认识世间万物、了解各种生活现象、体验各种事情等，这些都是教育。

父母要把握孩子受教育的关键时机，及时开发孩子的各种感官能力，为他以后的进一步学习打好基础。

摇篮期开始全面教育计划

维尼弗雷特有个小伙伴叫克拉夫特，他比维尼弗雷特大一岁，但两个孩子却差别很大。克拉夫特个性压抑、迟钝木讷，很多事情都不懂，他已经4岁了，还不识字，而3岁的维尼弗雷特已经会写诗歌了。

看到两个孩子的差别如此之大，我很感慨，也很为克拉夫特感到惋惜。我知道，这主要是我对女儿进行了正确的早期教育，而克拉夫特却错过了很多良好的教育时机。

克拉夫特的母亲看到如此优秀的维尼弗雷特，羡慕地对我说：

“斯特娜夫人，我真羡慕你有个好女儿，她这么优秀、聪明可爱，还懂得那么多。我儿子比维尼弗雷特还大一岁呢，他却什么都不懂，哎……我这孩子真是没希望了。”

我知道，由于克拉夫特的父母对教育的无知，当初没有意识到对孩子进行早期教育的重要性，所以才让儿子的天赋才能埋没了。

看到克拉夫特母亲忧伤的面容，我安慰她说：“克拉夫特是错过了一些教育的时机，但现在开始教育也不晚，他还有很多很多机会呢。”

虽然对克拉夫特的现状有些惋惜，但为了不使他错过更多，我希望能帮助他和他的母亲。于是，我对克拉夫特的母亲提出了要开始对她儿子进行早期教育的建议。

但克拉夫特的母亲依然悲观地说：“恐怕还是晚了，我儿子已经4岁了，这对他来说太晚了。”

“不，4岁正是早期教育的关键时期，你不要灰心，他还有很大的希望。只要你抓住机会，他会变得很优秀，况且，我也愿意帮助你。”

之后的一段时间里，我将自己教育女儿的经验传授给了克拉夫特的母亲，而她也接受了我的建议，开始认真地对儿子进行教育。

虽然很辛苦，但克拉夫特母亲的努力没有白费。一年后，克拉夫特发生了很大的变化，虽然与维尼弗雷特的差距还很大，但他变得灵活、聪明多了，学会了很多之前不会的东西。

>>>>>>>>>>>>>>>>>>>>>>>>>>>>>>>>

读大学时，有一次，我在哈佛大学的图书馆里发现了一本书——《卡尔·威特的教育》，这是一本有关早期教育的书。正是这本书让我的心灵受到了很大的震撼，并使我下决心研究早期教育。

卡尔·威特是100多年前的人物，是个著名的天才。他八九岁就掌握了6国语言，9岁时读大学，14岁时获得博士学位，精通动物学、植物学、数学等很多学科。

当时，我对卡尔·威特的成就非常震惊，了解了他的成长经历后我才知道，他的成就得益于父亲对他实施的科学的早期教育。

其实，在那之前，通过阅读教育书籍和了解那些成功人士的成长经历，我就零星了解了有关早期教育的理念，而《卡尔·威特的教育》一书更加深了我对早期教育的认识。

当维尼弗雷特出生后，我就决定按照《卡尔·威特的教育》中的教育方法，对她进行早期教育，把上帝赋予她的潜能尽可能地激发出来。

>>>>>>>>>>>>>>>>>>>>>>>>>>>>>>>>

女儿出生后，我刚从生产的虚弱中恢复过来就开始了对她的教育。甚至可以说，对女儿的教育，是随着她吃我的第一口奶开始的。

给女儿喂奶时，我会微笑地看着她，用很轻柔的声音跟她说话，我会说："宝贝，我是妈妈，你在吃妈妈的乳汁，吃了妈妈的乳汁宝宝就会健康地长大……"

如果丈夫在旁边观看，我会指着丈夫，告诉她："这是爸爸，爸爸和妈妈一样爱你。爸爸工作很努力，是为了给我们挣更多的钱，让我们都生活得更好……"

随着女儿逐渐长大，我会不时地增加对她教育的内容。

当女儿安静地躺在床上时，我会拿来各种小物品，比如小刷子、杯子等，轻轻地告诉她这是什么那是什么。

我会让女儿去触摸物品，然后缓慢地跟她说："这是玻璃杯，是用来喝水的，它是透明的、光滑的……"

有时候，我会坐在钢琴边，一边弹钢琴，一边给女儿唱歌；或者，我会拿一本书给她朗读书中的内容；有时，我会抱着她在屋里走动，告诉她周围物品的名称。

等到她该学说话的年龄，我会拿着某个物品反复念出该物品的名称，并诱导她发出这个声音；我会用各种颜色、各种形式的图画，教她辨认不同的色彩、形状等，训练她的视觉、培养她的观察力……

我认为，我以上所做的这一切其实都是教育，我是在逐步教女儿认识这个世界的万事万物，教她认识我们的生活。

有些朋友会嘲笑我的做法，他们认为我天天对着一个什么都听不懂的小婴儿讲话是"对牛弹琴"，徒然浪费唇舌。但不管别人怎么说，我仍然坚持我的做法，我相信这样终会有收获。

>>>>>>>>>>>>>>>>>>>>>>>>>>>>>>>>>

事实证明，我的努力确实没有白费，维尼弗雷特在不断长大的过程中，逐渐展现出了比同龄孩子更强的才能：

她3岁学会了使用打字机，会写诗歌和散文；4岁时她会用世界语写剧本；5岁时她就在报刊上发表诗歌和散文，而且能熟练地说好几个国家的语言。

维尼弗雷特9岁时，分别通过了美国斯坦福大学和威斯康星大学麦迪逊分校的入学考试；10岁时她已经会说13种语言……

这些成就是当时任何同龄的孩子都没有达到的，而我的女儿却做到了。

不仅如此，维尼弗雷特在其他方面，如数学、物理、体育、品德等方面都超过了其他孩子，她还会拉小提琴、弹钢琴，并在国际象棋比赛中取得了优异的成绩。

很多人都说维尼弗雷特是个天才，但其实她只是个普通的孩子，并没有特别突出的天赋。她的一切成就，都是因为从她还是个婴儿时，我就开始对她进行了教育和训练。

我相信，如果每个孩子都能在生命的早期接受科学的教育，都有可能成为像维尼弗雷特一样优秀的天才。

摇篮期孩子的大脑、肢体、听觉、视觉等各种器官和感觉功能都已发育，这意味着他可以接受教育了。父母要把握这一时机，及时对孩子进行全面、科学的早期教育。

早教不会损耗孩子的智力

生物学告诉我们，有的寄生虫曾经有翅膀，但后来它们的翅膀却退化了。

这是因为，它们在变成依赖别的生物而生存的寄生虫后，不再为寻求自己的食物而飞翔，因而失去了使用翅膀飞翔的机会，结果翅膀就逐渐退化了。

这个事实告诉我们一个道理，那就是，生物体的某一功能如果长期不使用，就会逐渐退化。

同样的道理，如果孩子的天赋在该开发的时候没有及时被开发，此后，其天赋就会消失，不再表现出相应方面的才能。而对孩子来说，开发潜能的最佳时期就是在婴幼儿时期。

所以，女儿还没出生时我就下定决心，一定要及时对她实施早期教育，不让她的天赋才能消失。我觉得，这是我作为母亲的一个重要责任。

每个孩子天生都具有某些潜能，如果对其实施正确的教育，将孩子的潜能最大限度地开发出来，他就能取得非凡的成就。

否则，如果不能及时开发孩子的天赋才能，孩子的潜能就会逐渐消失，这会使孩子成为一个平庸的、无所建树的人。

可惜，很多父母都不明白这一点。他们都认为孩子还太小，他的身体、大脑和心灵都还很脆弱、没有力量，如果过早地教育，会损害孩子的身体、大脑和心灵。

这种想法很明显是错误的。我们都知道，小鸟从小就不断地练习飞翔，所以它的翅膀逐渐变硬，并飞得越来越高，它绝不是在长大后翅膀变硬了才开始学习飞翔的。

>>>>>>>>>>>>>>>>>>>>>>>>>>>>>>>>

有的父母认为，在孩子7岁前应该任其自由地成长，不必进行所谓的早期教育，因为过早的教育会损害孩子的大脑。

有些人甚至说，早慧或拥有突出才能的孩子到50岁时身体会垮掉。他们认为，学的知识越多，大脑就越容易衰老，因此会变得精神异常，甚至会过早地死去。

确实，有些早慧的孩子，尤其是一些音乐神童，他们小时候具有非常出众的才能、才华，但很多人都英年早逝。

为什么会出现这样的情况？

我觉得，这是因为很多具有出众才能的孩子，常常会成为父母达到某种目的的“工具”，用作向人炫耀的资本。比如，有些才华出众的艺术神童，可能会被父母拉着到处去演出赚钱。

这些孩子会像成人一样辛苦地工作，他们缺少睡眠，饮食、生活不规律，精神长时间处于兴奋状态，也没有更多的时间和精力去学习和成长。这样的话，他们的天赋就会慢慢消失。

而且，对这样的孩子，很多父母往往只注重孩子在智力才能方面的发展，却忽视孩子健全的心理素质和健康人格的培养。

可见，不是早期教育扼杀了神童，而是不当的生活方式、不当的教育方式和成长环境扼杀了他们。

如果这些孩子能像其他孩子一样快乐地生活、学习，能够有更多机会发展自己的天赋，同时，父母也注意培养他们健全的人格，那么，孩子就能健康地成长。

因此，早期教育会影响孩子健康的观点是错误的。为早慧的孩子提供健康、有益的成长环境，并施以正确的早期教育这才是最重要的。

>>>>>>>>>>>>>>>>>>>>>>>>>>>>>>>>

格拉斯哥大学的詹姆斯·汤姆生教授和他的两个儿子的例子能说明这个问题。詹姆斯教授认为，孩子对周围世界表现出兴趣时，就应该接受教育了。

为此，两个儿子还躺在摇篮里时，詹姆斯教授就开始对他们实施早期教育了。

对于詹姆斯的做法，他的朋友都不赞成。他们都认为，孩子的神经还很脆弱，詹姆斯这样做会伤害孩子的神经，损害孩子的智力发展，使其后来的学习变得很难。

对朋友们的这一观点，詹姆斯给予了强有力的反驳，他说：

“其实，是因为对孩子的教育开始得晚，才会使他在后来的学习过程中思维变得僵化，让他的学习变得困难。婴儿时期，孩子的大脑正在快速地发育，此时教育孩子会让孩子学会运用自己的大脑和思维。这样，他在以后的学习过程中就会感到更容易，也不容易劳累。”

不顾朋友们的反对，詹姆斯教授坚持用自己的方法教育他的两个儿子。

后来的事实证明，詹姆斯的观点和做法是正确的。

在詹姆斯的教育下，他的大儿子12岁进入大学，虽然年龄小，但他的成绩在班里一直名列前茅，其他方面也表现不错。詹姆斯的大儿子后来成为大学里优秀的导师，70多岁过世。

詹姆斯的小儿子更为优秀，他是19世纪非常著名的物理学家，与牛顿、法拉第等著名物理学家齐名，他一直活到83岁逝世。

显然，对于詹姆斯教授的两个儿子来说，早期教育并没有对他们造成伤害。

因此可以说，只要遵循孩子的成长规律和教育规律，对孩子实施科学的早期教育，不仅对孩子没有损害，反而会极大地促进孩子的潜能发挥。

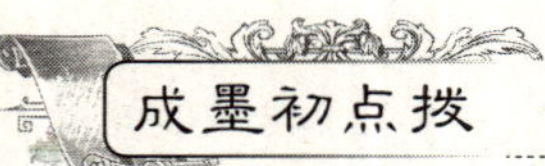

成墨初点拨

早期教育并不是拔苗助长，科学的早期教育是符合孩子成长和发展规律的。父母要了解孩子的成长规律，并抓住关键时机，及时对孩子进行有效的早期教育。

开启孩子的听力

听力是孩子学习和吸收周围信息非常重要的一个渠道，因此，及早开发孩子的听力非常重要。

孩子还非常小的时候就会对父母的话或声音有不同的反应，这说明孩子的听觉已经开始发展了。

比如，我轻声细语地跟女儿说话时，她看起来就会很愉快，但如果我严厉地呵斥她，她就会不开心、哭闹。

事实上，孩子还在妈妈肚子里时就已经有了听力。女儿还没出生的时候，我时常会给她唱歌，有时还与她不停地说话。

那时，我时常一边抚摸着自己的肚子，一边对肚子里的宝宝说："宝贝，你好吗？妈妈爱你，妈妈会保护你……""宝贝，妈妈在吃饭，妈妈吃了好东西，你就能健康地长大……"

我相信，肚子里的宝宝能够听见我说话。因为，每次轻柔地跟她说话，她总是很安静，但如果长时间不和她说话，她有时就会踢我，直到我再跟她说话时才安静下来。

女儿是个小婴儿时，为了发展她的听力，我会经常与她说话，就像她是个大孩子，能听懂我的话。我的丈夫也会这样做，一有时间，他就会来到摇篮边与女

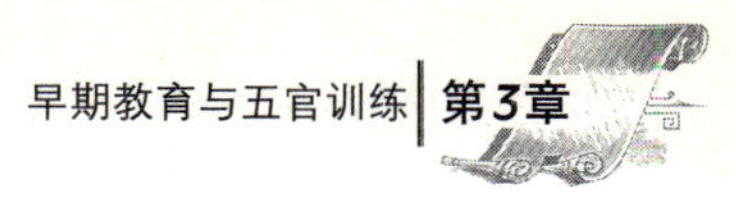

儿讲话。

女儿哭了的时候，只要我走到她身边温柔地跟她说话，她就会平静下来，认真地听我说。

虽然婴儿还听不懂父母说的话，但父母的声音和语言会在孩子的大脑里留下痕迹。父母经常与孩子说话，就是在为孩子的大脑储备语言材料，同时也是在开发他的听力。

>>>>>>>>>>>>>>>>>>>>>>>>>>>>

小孩子都讨厌刺耳的声音，而喜欢有节奏的、悦耳的声音，比如音乐、有节奏的鼓声等，维尼弗雷特也是如此。因此，我会用音乐这种悦耳的声音来训练女儿的听力。

可以说，我的女儿一直是在音乐声中长大的。我喜欢音乐，喜欢弹钢琴，所以，我就经常给女儿唱歌、弹钢琴，我相信这能很好地训练她的听力。

每次我弹钢琴，女儿就会安静地听，且表情愉悦，有时候还咿呀咿呀地哼唱。

有一次，我一边弹钢琴，一边不时地抬头看看在一边玩的女儿。

此时，在钢琴的伴奏下，我突然听到女儿在哼唱着什么。我仔细一听，原来她在哼唱我刚教她的《致爱丽丝》。

那段时间，我天天练习弹奏这首曲子，女儿也有机会天天听到它。就是这样，她居然学会了哼唱其中的乐句，当时，她还不到1岁。

此后的几天，我继续弹这首曲子，而女儿也学会了其中更多的乐句，她哼唱得不仅音准，旋律、节奏也基本都正确。

那时，我不仅给女儿弹钢琴、唱歌给她听，也时常播放名曲的唱片给她听。我相信，这样的音乐熏陶对她的智力发展是非常有益的。

听音乐久了，女儿也有了很好的乐感，她还会根据不同的音乐做出不同的反应。比如，听巴赫的乐曲时，她会表现得平静、喜悦，听莫扎特的小夜曲则会表现得快乐。

女儿从3岁开始学弹钢琴，她的乐感很好，学得很快，那首《致爱丽丝》她也很快就学会了。我想，她对音乐如此敏感，跟她小的时候经常听音乐是分不开的。

>>>>>>>>>>>>>>>>>>>>>>>>>>>>

除了以上训练女儿听力的方法，在她两个月大时，我也使用了一些可以发声的玩具，比如鼓、铃铛等。

那时，女儿哭的时候，我就拿出这些玩具让它们发出声音。女儿听到声音，她时常会停止哭泣，开始寻找声音。

另外，我也会给女儿朗读诗歌、韵文等，我相信，这不仅可以训练她的听力，还可以帮助她储备语言。因为，诗歌和韵文不仅有节奏的美感，还有用来表达意义的语言内容。

我一般会给女儿朗读各国的著名诗人作家的名篇，比如美国诗人惠特曼的诗歌，德国诗人席勒、英国诗人拜伦的诗，莎士比亚的喜剧等。

我自己也喜欢读一些文学作品，给女儿朗读这些作品也让我很开心、幸福，我既会被这些优美的作品所感动，又会被女儿专注听我朗读的姿态所感动。

这样给女儿朗读诗歌、韵文很有好处，这使得她对于语言很敏感，也培养了她对艺术的感受能力。女儿刚一岁时，她就能有节奏地背诵维吉尔的某些诗句。我相信，这种训练对她以后的写作能力也会有很大的帮助。

成墨初点拨

不要让孩子的耳朵沉睡，即使在他很小、看起来还什么都不懂的时候。多与孩子说话，用音乐感染孩子，给孩子朗读等都是开启孩子听力非常重要的手段，父母不可荒废。

发展孩子的视觉

有人说，婴儿的眼睛看不见东西。其实，这种说法是错误的，婴儿刚出生就能看见东西，只是那时他还没有很强的对事物进行分辨和识别的能力。

有一次，我发现才几个月大的女儿躺在床上，眼睛盯着天花板，脸上毫无表情。

我走到床边去，笑着问她："看什么呢，宝贝？"

女儿依旧没有表情地看着天花板，没有任何反应，我很奇怪她的举动。

当时，我手里正拿着一本红色封面的书，我就拿着它在女儿眼前晃了晃，并继续问她："小宝贝，你在看什么呢？"

这时，我突然发现女儿把脸转向了我，对我笑了，她还伸出小手挥动了一下，并踢了踢小腿，那样子似乎很兴奋。

我发现女儿的眼睛落在了我手中的书上，这时，我才明白她被这本书的红色封面所吸引了，所以才会表现出高兴的神情。

我当时想，也许维尼弗雷特喜欢看颜色鲜艳悦目的物品。于是，我又拿来一条黄颜色的毛巾，并在女儿眼前晃了几下。女儿又笑了，还高兴地挥舞着两只胳膊和两条小腿。

那一天，我又去买来一些颜色鲜艳悦目的物品，比如漂亮的图画、漂亮的玩具娃娃等，然后把它们一一给女儿看。

我在房间的墙壁上挂上了漂亮的图片，在窗帘上和女儿的摇篮周围挂了一些鲜艳的小饰品。我每天都让女儿看这些东西，她也很喜欢看，我觉得，这些都可以训练她的视觉。

>>>>>>>>>>>>>>>>>>>>>>>>>>>>>>>>

女儿长大一些后，我还给她买来一些颜料、画笔、画纸等，试图教她画画。

一开始学画时，女儿总是拿不好画笔，画出来的画没有规则、没有形状，也看不出她画的是什么，她只是胡乱地乱涂乱抹。但是，女儿非常喜欢这样做，她对那些不同的颜色产生了浓厚的兴趣。

有一次，我把各种颜色的颜料都挤了一些在调色板的不同格子中，让女儿自由地使用和绘画。

我做好这一切，女儿看到五颜六色的颜料，她异常兴奋，开始兴致高涨地涂抹、绘画。

见女儿一个人在专注地画、涂，我先起身去忙别的事情。

等我忙完了事情再回到女儿身边时，我惊奇地发现，女儿已将现场弄得一片狼藉，她的手上、脸上、身上以及地板上、旁边的墙壁上，都涂抹了五颜六色的颜料，那情景简直是一片狼藉。

此时，女儿抬头看着我，很有成就感地、开心地笑了起来。

看到这种场面，我想，如果是别的父母可能会非常生气，甚至会严厉地训斥、批评孩子。

但那一刻，我没有这样做，我看了看女儿的“杰作”，也跟着她大笑起来。

我认为，弄在孩子身上、地板上的颜料都可以洗干净，但如果呵斥孩子，压制孩子的快乐和自由，就会打击她涂鸦的兴趣和热情。

>>>>>>>>>>>>>>>>>>>>>>>>>>>>>>>>

另外，我还给女儿买来了色谱，利用色谱教她认识和区别各种不同的颜色，引导她区分相近颜色的细小差别。

这样的练习多了，1岁多点的女儿竟然记住了很多种颜色，她不仅能区分红、黄、蓝、绿等基本颜色，还能区分一些中间色。

现在，女儿对颜色的感觉非常敏锐，她能区分很多有细微差别的颜色。而且，她总能说出很专业的色彩名称，比如，这是紫红色，这是普鲁士蓝，那是偏黄的灰色等。

我想，女儿对于颜色的敏感性，要得益于她幼时我对她的色觉训练。虽然她并不一定会成为画家，但她对颜色的感知和判断能力超出了一般人。

女儿能独自熟练地走路以后，我经常带她到外面去散步。散步的时候，我会引导她注意观察周围各种事物的颜色，在这个过程中，她学会了更多的颜色。

在我的引导下，女儿很喜欢外面那些花花绿绿的不同的颜色，她也很喜欢观察不同事物的不同颜色，比如天空的颜色、人们穿的衣服的颜色、原野的颜色等。

经过这样的训练，女儿的视觉感受力提高了，她能从自然界丰富的色彩中体会到美感，并能用语言或绘画准确地描绘出不同的景色。

成墨初点拨

训练孩子的视觉，丰富孩子的视觉内容，会使孩子的智力获得更好的发展。父母要尽可能多地给孩子创造条件，让孩子感受和识别丰富的色彩，使孩子的大脑储备更多的视觉信息。

教孩子学会观察

培养和训练孩子敏锐的观察能力，是开发其智力的重要内容。女儿到了幼儿期，我经常通过某些方式或利用游戏来训练她的观察力。

为了训练女儿的观察力，我和她经常做一种“猜丝带数”的游戏。

这个游戏是这样做的：我抓着几根彩色的丝带，在女儿的眼前按一定的速度晃过去，让她注意观察并说出一共有几根丝带。

如果要准确地说出是几根丝带，女儿就必须要认真观察。

一开始，我在女儿眼前晃过丝带的速度比较慢，用的丝带数量也少一些，以便她能看得清楚。后来，我逐渐增加丝带的数目，并加快晃过的速度。

起初，女儿时常不能准确地判断出丝带的数目。经过多次训练，她说对丝带数目的次数就越来越多。

有一次，我们用八根丝带来玩这个游戏。由于丝带数目多，她总是说不对，所以就非常着急，甚至急得要哭了。

于是，我说：“维尼弗雷特，这次太难了，要不我们不做了。”

“不，再做几次。”女儿决定再试试。

为了增加女儿成功的概率，我拿着丝带晃过女儿眼前的速度慢了下来。

可女儿却不满意了，她说：“这太慢了，我能很容易地看清是几根。你换个数目，再来，不过要快一点啊，妈妈。”

遵照女儿的要求，我在背后用另一只手偷偷取走一根丝带，以稍快的速度在她眼前晃过去。

第一次，女儿没有看清楚。

第二次，她没有看清楚。

第三次，她还是没看清楚。

我已经想放弃了，但女儿依然坚持再试试。

就这样，这个游戏用七根或八根丝带我们做了十几次，女儿最终能准确地说出丝带的数目。当女儿准确地说出丝带的数目时，我看到了她眼神中抑制不住的喜悦和自豪。

为了训练女儿的观察力，我所设计的类似游戏或活动还有很多。

比如，我会用有各种图案的花瓶或其他物品，让女儿快速地看一眼，然后我拿走花瓶，让她说出图案上有什么东西。

这样的训练使得维尼弗雷特在平日的生活中也养成了认真观察的习惯，而且，很多时候，她的观察都非常细致，总是比我强很多。

>>>>>>>>>>>>>>>>>>>>>>>>>>>>>>>>

有时，我会和女儿玩另一种游戏。

这个游戏的玩法是：我把女儿带到某个房间，让她观察房间里的物品。然后，我让女儿闭上眼睛或暂时离开房间，我取走房间里的某样东西或增加某样东西。

然后，我让女儿睁开眼睛或回到房间，让她再仔细观察房间，看房间里有哪些变化，比如多了一把椅子或者少了一个凳子等。

有一次，做这个游戏时，女儿闭上了眼睛，我假装忙乎一番，但没有挪动房间里的任何物品，也没有增加任何物品。

只是，这一次，我自己悄悄走到了房间门外，以前做这个游戏，女儿睁开眼睛时我都是一直在房间里的。

接着，我让女儿睁开眼睛看房间里有什么变化。

我说：“维尼弗雷特，请仔细看看，房间里有什么变化？”

女儿东看看西瞧瞧，反复观察了很久。最后，她不太确定地说："好像没有什么变化啊！"

我笑着说："肯定有变化，你再仔细看。"

女儿又仔细地观察房间的各个角落，一边还蹙着眉头，像是在思考。

我在心里偷偷地笑。

这一次，女儿很确定地说："没有变化。"

我忍不住想笑，提示女儿说："肯定有变化，而且是少了一个很大的东西。"

女儿又开始疑惑了，说："很大的东西？好像没少很大的东西吧？"她无法说出正确的答案，我真替她着急。

最后，女儿看了看站在房间门外的我，好像意识到了什么，她突然笑着大叫起来："少了一个妈妈。"说着，她扑到了我怀里，我们母女俩笑作一团。

>>>>>>>>>>>>>>>>>>>>>>>>>>>>>>>>

带女儿外出，我常常要求她注意观察周围的各种景色和现象，同时，我们会对各种美景和现象评头品足。

我会说："宝贝，你看这边的天空，左边部分的颜色是深蓝，右边却是浅蓝色的……"

女儿说："那是因为右边的部分被一片稀薄的白云遮住了，颜色就变得淡了些。"

我说："宝贝，你看，旁边那妇女穿的衣服，颜色太灰了，这让她看上去有些老气……"

女儿说："嗯，但是她的面容看上去却很年轻，和她的衣服有些不太协调。"

……

在我的引导下，女儿养成了细心观察周围景色的好习惯，她还会对这些事物和现象进行思考，由此她也学到了很多新的知识。

"妈妈，这里有朵花，咦，花的下面怎么还有刺呢？"女儿第一次看到玫瑰花是有刺的，那是她的一次新发现。

雨后，女儿在花园里到处走，发现地上出现了平常看不到的蜗牛。那一次，她知道了蜗牛喜欢在雨后出来，知道了蜗牛喜欢潮湿的环境。

每次有这样的观察和发现，女儿总是很高兴，她总会看到以前看不到的东西。这样的观察训练也让女儿对周围的美有了更强烈的感受，还增加了她很多知识。

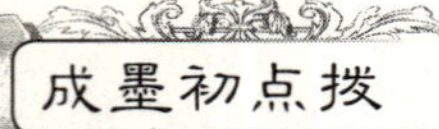

成墨初点拨

观察力是孩子认识周围世界非常重要的能力，父母需从孩子小时候起，利用身边的每一件事物来训练孩子学会观察，并不断提高其观察能力。

培养孩子的触觉感受力

触觉的感受能力对孩子的成长也是非常重要的，在生活中，我会通过一些方式训练女儿的触觉感受力。

我经常和女儿一起玩一种叫作“蒙眼睛猜物”的游戏，让她更深刻地感受各种事物带给皮肤的触觉。

做这个游戏时，我用一块柔软的布把女儿的眼睛蒙住，然后找一些小物品放在她面前，让她逐一用手去摸这些物品，并猜出是什么物品。

一开始，我会给她常见的苹果、梨子等水果之类的东西，这样的事物比较容易辨认。然后，我会给她其他各种质地的物品让她触摸辨认，比如布、餐具等。

曾经有一次，我让女儿蒙着眼睛辨认我和女佣的手。

女儿第一次玩这个游戏时，她觉得有些难。因为我和女佣的手差不多，都比较细长，难以区分。

女儿反复摸了我们的手好几次，但常常猜不准到底是谁的手。

后来，她想到了一个办法：她要求我和女佣分别握住她的一只手，她仔细地感觉，最后终于正确地区分出了我们的手。

女儿这样做，是因为我差不多每天都拉着她的手到外面去散步。如果我没有时间，女佣就代替我和女儿一起去散步。女儿很熟悉我和女佣握住她手的感觉，就是借助这种感觉，女儿成功地区分出了我和女佣的手。

这个游戏女儿也很喜欢，那段时间，她总喜欢闭上眼睛触摸周围的各种物品，仔细地区分它们带给手的各种感觉。

>>>>>>>>>>>>>>>>>>>>>>>>>>>>>>>>

我也通过“蒙眼睛猜物”的游戏，让女儿学习体会各种物品的不同质地，并学习用语言将其描述出来。

比如，如果她摸到一个玻璃杯，我问她：“你摸到了什么？”

女儿回答：“我摸到了一个杯子。”

“杯子是用什么材料做成的？”

“是用玻璃做的。”

“玻璃杯摸上去是什么样的感觉？”我继续问女儿。

“它是光滑的、冰凉的，还是硬的……”

“那光滑的、冰凉的、硬的物品还有什么？”

“还有金属勺、叉子、盘子……”

用类似的方法，我让女儿体会到了软的、硬的、光滑的、粗糙的、冷的、热的等各种感觉，认识了许多物品的质地和特性。

>>>>>>>>>>>>>>>>>>>>>>>>>>>>>>>>

这样的游戏促进了女儿的智力发展和语言发展，对她的写作也有很大的帮助。女儿上学后，有一次在一篇作文里这样写道：

今天，我的作文又获奖了，我非常高兴。老师表扬我，说我的作文对感觉的描写很细致，感情也很细腻。

我想，我这次作文能写得这么好，要感谢我的妈妈对我的教育。

在我小时候，妈妈常和我玩“蒙眼睛猜物”的游戏。她把我的眼睛蒙上，让我触摸各种物品，让我仔细地去感受不同的物品带给我的感觉。

比如有一次，我蒙上眼睛后，妈妈把我的双手放到了一盆凉水里，然后，她问我：“维尼弗雷特，你摸到了什么？”

我马上回答：“我摸到了水。”

妈妈又问我：“你摸到的水有什么样的感觉？”

“水是冰凉的、滑滑的……”

“冰凉的、滑滑的东西还有什么？”

“还有冰激凌……还有酒……还有饮料……”

“水弄到衣服上摸上去是什么感觉？”

妈妈的这个问题不太好回答，我想了好一会儿，才不确定地说：“水弄到衣服上，摸上去是湿的。”

虽然我的眼前一片黑暗，但我很开心，不仅因为水流在手上的美妙感觉，还因为妈妈和我玩这个好玩的游戏。

“与冰凉的感觉相反的有什么东西？”妈妈又问我。

与冰凉相反的感觉是热的，想到这里，我回答说：“牛奶。”

那时，我还不知道牛奶有冷热之分，因为我每次喝的牛奶都是妈妈给我热好的。

妈妈帮我解开了蒙眼睛的布，吩咐我用毛巾把手擦干。她说：“牛奶也有冰凉的，还有温的。水也是，有冰凉的、热的、温的，对吗？”

“对。”我同意水和牛奶有热的、冰凉的，但我还不太明白“温的”是什么意思，就问妈妈。

这时，妈妈抓着我的双手放进了她的怀里焐了一会儿，我的手感觉到温暖一些了。妈妈笑着说：“温的，就是温暖的。”

那一天的游戏让我更深刻地感受了冷、热，还学会了使用“温暖”这个词。我感激我的妈妈，她让我感受到了生活中很多美好的东西，也让我感受到了温暖。

女儿这样说，我很高兴，我更高兴用这种游戏帮助女儿提高了感知能力，也提高了语言能力和写作能力。

成墨初点拨

触觉的感受能力是孩子认识世界的又一种重要的能力，这不仅让孩子明确感官上的感受，还会增强他心理的感觉。父母可利用适当的机会训练孩子的触觉，使孩子认识世界的渠道更广。

增强孩子的注意力

著名的科学家牛顿有几个很有意思的小故事。

有一次，他一边看书一边准备煮鸡蛋。但是，当时他看书看得太专注了，以至于把自己的怀表当作鸡蛋放进锅里去煮。

等水开了，牛顿这才发现他煮的不是鸡蛋，而是自己的怀表。

还有一次，牛顿请他的一个朋友到自己家里来吃饭。女佣将饭菜端上餐桌，牛顿和朋友准备吃的时候，牛顿突然想起有个问题还没有解决，他就独自钻进书房去研究那个问题。

研究问题时，牛顿非常专注，忘记了一切，甚至把请朋友吃饭这事也忘记了。

解决了问题，牛顿走出了书房。此时，他的朋友已经一个人吃完了饭并离开了。

牛顿看了看餐桌上的几个空盘子，说："原来我已经吃过饭了啊！"接着，他又回到书房继续读书学习。

读到有关牛顿的这几则小故事，有人可能觉得好笑，认为牛顿很傻。但我认为，这是牛顿对于科学研究高度专注的表现，正是因为具有这一品质，他才成为了伟大的科学家。

虽然，我并不希望女儿像牛顿一样除了读书和研究忽视一切，但我希望她在学习或做事时拥有高度集中的注意力和专注力。从她小的时候起，我就用心培养她这方面的能力。

>>>>>>>>>>>>>>>>>>>>>>>>>>>>>>>>

女儿小时候很喜欢听故事，那时，我差不多每天都给她讲故事。并且，我会利用讲故事的方式来训练她的注意力。

为了达到这一目的，我会在讲故事前给女儿提出一些问题，让她在我讲完故事后回答。为了能正确地回答出这些问题，她就必须专注地听我讲。

比如，有一段时间，女儿很喜欢听《小兔子杰米》的故事。每次给她讲这个故事之前，我都会根据故事内容给她提出不同的问题，特别是提出有关故事中那些细节的小问题。

如果听故事的时候，女儿注意力不集中、不够专注，有些问题她可能就回答不出来。

不仅听故事可以训练女儿的注意力、专注力，当她做其他事情时，我也会设法引导她专注地去做，保持较高的注意力。

比如，女儿做某事时，我会保持安静或者离开她一段距离，尽量不打扰她，给她创造安静、无干扰的环境。

有时，我会给她提出一些问题，启发她思考，让她能细心而认真地做事，以便能准确地回答出问题。

事实上，用这种方式训练女儿的注意力和专注力很有效，因为心里有疑问，她就会全身心地投入到当前的事情中。后来，无论做什么事情，女儿都会注意力非常集中。

成墨初点拨

孩子的兴趣和注意焦点容易转移，年龄越小越是如此。对此，父母要设法培养孩子的注意力和专注力，让孩子在同一时间只专注地做一件事，这是较好的培养注意力的方式。

训练孩子的记忆力

记忆力是孩子学习一切知识的基础。对孩子来说，记忆力的好坏会直接影响到他的学习效果。

非常小的孩子对事物都是无意识的记忆，所以等到女儿学会阅读后，我才有意识地训练她的记忆力，我常用的训练方法就是让她背诵、复述或评论书中的内容。

比如，女儿读历史书，我会让她复述书中的历史事件；她读文学作品，我会让她评论书中的某个人物；她学习外语，我会让她背诵一些外文篇章……

在女儿读课外读物时，我也经常会这样要求她："你刚才看的那本书好看吗？里面都讲了些什么？再给我讲一讲吧！"

当然，女儿在复述、背诵或评论书的内容的过程中，我要求她不要看书。为此，女儿就不得不事先认真地读书，并设法去记住书中讲的内容。否则，她就不能准确地复述、背诵出来，也不能准确地回答我提出的问题。

实际上，女儿也很喜欢这种读书学习的方式，她很享受给我讲述和熟练背诵的那种成就感，这也让她每次都学到很多新的知识，每次进步也都让她很开心、很有成就感。

我觉得，对于训练孩子的记忆力，这种方式是比较有效的方式，父母们可以试一试。

>>>>>>>>>>>>>>>>>>>>>>>>>>>>

在生活中，父母也可以根据某些情景设计一些要求孩子记忆的内容或活动，以训练孩子的记忆力。

在孩子很小的时候，父母可让他按一定的次序去做某些事情，可把孩子日常的活动，比如洗脸、刷牙等作为训练内容。孩子在亲自做的过程中，会记住做这些事情的次序或步骤。对于小孩子来说，这也是一种记忆力训练。

女儿1岁时，我每天早上都带她按照固定的程序做一些事情，如起床后先让她去排便，然后我们去收拾卧室，接着洗刷，最后吃早餐。

当然，在其他时间里，我会教女儿尽可能地按照一定的次序去做事，这样也能培养她做事有条理、生活有规律的习惯。

如果孩子能够流利地讲话了，父母可以让他讲述自己刚刚做过的游戏、看到的景物、听到的声音等，以训练孩子的记忆力。

当孩子会拼写并能写出流利的句子时，父母可让孩子学习写日记，这样可以巩固他对某些事情的记忆。

我之所以提到让孩子在生活中进行记忆训练，是因为生活中的这种记忆训练对孩子学习上的记忆也是很有帮助的。

当然，父母也可以根据孩子的年龄教他一些记忆的方法。比如，有一位母亲，为了让儿子不忘记饭前洗手，她在餐桌上儿子的位置处画了一个小孩洗手的图案。

>>>>>>>>>>>>>>>>>>>>>>>>>>>>>>>>

在生活中，我总会抓住时机设法训练女儿的记忆力。

和女儿一起外出时，我会根据情景，要求她将刚刚看到过的一些物品名称说出来。比如，当我们去商店时，我会问她：“维尼弗雷特，你刚才看到第一排的货架上有什么货物？”

听了我的问话，女儿就会努力地回忆，回忆刚才看到的货架上陈列的物品。

我发现，这种游戏不仅能够训练女儿的观察力，对发展她的记忆力也很有帮助。于是，我经常用这种方式训练她的记忆力。每次外出，我都经常会提问她：“你刚才看到了什么东西？”

为了能更好地回答我的问题，维尼弗雷特就会设法去记住自己看到过的事物。这些记忆训练，使得女儿的记忆力提高很快。

这使得女儿的背诵能力也得到了很大的提高，她5岁时，读过的书的内容，她常常能过目不忘。而且，她对生活中的很多事情也记得非常牢固。

有一次，我的一位大学同学比利到我家来做客。比利以前经常留着胡子，所以人们都称他为大胡子比利。

但是比利这次来，我发现他把胡子都剃掉了。

女儿曾在3岁多时见过比利一次，到现在已经有两年没见过他了。这一次，女儿见到比利进门，端详了他一会儿，突然说："叔叔，你的胡子怎么剃掉了？"

当时，我和比利都愣了一下：她怎么会知道比利原来有胡子？

我奇怪地看着女儿，比利也笑着问她："维尼弗雷特，你怎么知道我以前留过胡子呢？"

女儿很认真地比画着说："我小时候见过你，那时你留着胡子呢，你的胡子都那么长呢，妈妈还让我叫你大胡子叔叔。"

比利的胡子两年前约有一寸长，但女儿比画得有半尺长，我和比利都大笑起来。

此时，比利对我说："维尼弗雷特太厉害了，她能这么清楚地记得我是谁，记得我曾留过胡子。我都已经忘记她的模样了，哈哈，了不得啊了不得啊！"

我笑了，我想，这也是女儿经常进行各种记忆力训练的结果吧！

成墨初点拨

训练孩子的记忆力，父母要有意识地让孩子去记忆一些东西。无论是什么东西，采用某种方法让孩子记住，对于孩子记忆力的提高都会有一定的帮助。

丰富的刺激可以开发孩子的智力

要幼儿的智力发展依赖于外界的各种刺激，因此，父母要及早给孩子提供各种有益的感官刺激，比如有关听觉、视觉、触觉等的刺激。

如果孩子出生后生活在一个感官和大脑刺激比较贫乏的环境里，孩子的感官和大脑就得不到发育，其智力发展就会受到抑制。

这需要让孩子接触并探索环境中的各种事物，尝试做各种有利于其听觉、视觉、触觉、动觉等感觉发展的活动。

我有一个女友叫卡利特斯，她有一个儿子叫乔治。有一次，我到他们家去看望他们。

到了卡利特斯家，我发现乔治正坐在地毯上，地毯上没有玩具，而乔治在吸吮自己的一根手指，目光有些呆滞。

我笑着走向乔治，但他只是没有表情地看了我一眼。我准备抱一下他，但他看到我靠近，哭了起来。

我看着卡利特斯，用眼神询问她："这是怎么回事？"

之后，根据卡利特斯的讲述，我了解到，乔治没有多少玩具，卡利特斯也很少带他到外面去玩，很少带他去见识外面的人和事。因为卡利特斯比较内向，她更多的是和儿子待在家里或在院子里玩。

卡利特斯也很少有意去教儿子学什么东西，她只想他老老实实、不给她惹麻烦就好了。

至此，我意识到，乔治出生后所接触的各种感官刺激太有限了。因此，我对卡利特斯说："乔治的生活太单调了。孩子接触的事物、人和事情少，他的智力就不能得到很好的发展，看上去就有些呆傻。"

我希望每个孩子都能充分发挥自己的潜能，都能生活得快乐。每次看到那些没有及时接受教育、没有及时被开发智力的孩子，我就替他们感到惋惜。

我对卡利特斯说："周围的各种事物是开发孩子智力的重要手段。我觉得，你应该让乔治多接触各种事物，开发他的智力。"

听了我的话，卡利特斯疑惑地问："啊？他这么小就开发智力？是不是太早了？"

"其实，孩子的智力开发从出生时就应该开始了，因为从那时起他的大脑就开始发育了。就像孩子的身体需要物质营养，孩子每天需要吃各种食物一样，孩子的精神也需要营养，而各种各样的事物、各种丰富的感官刺激就是孩子的精神营养。让孩子接触各种事物或感官刺激，开发孩子的智力，就是对孩子进行教育。如果不这样做，孩子长大后就和动物没有什么区别。”

“哦。”卡利特斯若有所悟地点了一下头。

说这些话，我希望卡利特斯能意识到及早对孩子进行智力开发的重要性。

>>>>>>>>>>>>>>>>>>>>>>>>>>>>

女儿很小的时候，我会利月各种物品和方式，试图开发她的智力。

比如，女儿一个多月时，我买来一些不同颜色的小气球或其他小物品，把这些气球或小物品用毛线拴在女儿的摇篮边上，使她在自己的视野内可以看到。

我把其中一个气球拴在女儿的手腕上，这样，她只要一动胳膊，气球就会随着上下左右飘动。

看着气球上下左右飘动，女儿很开心，这个简单的游戏也让她觉得很好玩。

此时，我会指着气球，对女儿说：“这是气球，它是圆的，红色的。”

有时，我会抱起女儿在房间里四处走动，让她能够看到或听到更多的事物、声音等，告诉她每一种事物的名字。

家里的各种家具、厨具以及其他生活用品，我都会教女儿认识。有时，我会抱着她到室外去，教她认识各种花草、植物、建筑物等。

我还设法让女儿感受和认识各种感觉，如冷的、热的、软的、硬的、高的、矮的，等等。

在这样的过程中，女儿认识到了很多事物，也有了很多亲身体验。我相信，这一切对她的智力开发和能力培养都是很有帮助的。

>>>>>>>>>>>>>>>>>>>>>>>>>>>>

此外，我觉得到各地去旅行也是增长女儿见识的重要途径。为此，在女儿刚学会走路不久，每隔一段时间，我和丈夫就带她到各地去旅游，让她见识各种景色和风土人情。

女儿很小的时候，我们只是带她在离家不远的地方游玩，让她看看附近的山水、广阔的田野、葱葱郁郁的山脉，了解当地人的一些生活状况。

每次外出，女儿总是非常开心，她对所见到的一切新事物都很感兴趣。我想，这是孩子好奇心强的一种表现。

趁此机会，我会给女儿讲一些植物学、动物学的知识，或讲一些历史和人文知识，或讲有关的人物和生活事件，等等。

我认为，对有些东西，女儿虽然还不懂，但这些有益的刺激总会在她的头脑中留下痕迹。

女儿后来逐渐喜欢上了旅游，她四五岁的时候，已随着我和丈夫去过了很多地方，她在旅游中也获益匪浅，学会了很多新知识。

在女儿幼年、童年那几年的时间里，我们已带她去过林肯纪念堂、尼亚加拉瀑布、国会大厦、圣帕特里克大教堂、洛克菲勒广场、帝国大厦、金门大桥等许多地方。

成墨初点拨

孩子的智力是通过不断接受周围各种有益的刺激逐渐发展起来的，父母要为孩子创造发展智力的各种有利条件，让孩子多看、多听、多经历、多体验、多尝试、多思考。

第4章 及早教孩子学习语言

孩子学习语言具有敏感期，这一敏感期是在婴幼儿时期，也就是0～6岁期间，尤其是3岁以前。在关键期内教育会事半功倍，错过关键期，教孩子学习语言就比较困难了。

语言是思维的重要工具，语言学习对孩子的智力和个性发展都非常重要。

孩子掌握了语言，才能够容易地接受父母的教导，才能够正确地接受他人的信息、表达自己的意图。这样，孩子就能获得更多有益的信息，其人际关系发展、自信心建立和人格发展也更容易。

在语言敏感期内，父母如果给孩子创造良好的语言环境，便可让孩子轻松地掌握标准的语言，也可以大大促进孩子的智力和个性发展。

斯特娜深刻地明白这一点，所以，她将对女儿的语言教育放在了非常重要的地位，从女儿一出生就采取正确的措施教她学习语言。

为了孩子的健康成长，为了使其潜能得到更好的开发，父母要学习斯特娜的做法，及早教孩子学习语言，并且采用正确的方式教孩子学习语言。

一出生就开始语言教育

语言发展对孩子的整体发展有非常重要的作用，在语言发展的关键期，如果不尽早教孩子说话，孩子的大脑和智力就不能得到很好的发展。

孩子6岁前，尤其两三岁左右是语言发展的关键期，如果在这个阶段及时教孩子说话，其语言能力就会获得很好的发展。

但若错过了语言发育关键期，孩子语言能力的发展就会受到很大的影响，而且，对孩子的智力发展和个性发展都会有不同程度的影响。

维尼弗雷特的小伙伴克拉夫特就是一个例子，在他小时候，父母没有及时地、很好地教他学说话，所以他的语言能力发展比较弱。

维尼弗雷特讲话已很流利的时候，克拉夫特说话却结结巴巴，经常不能准确地表达自己。维尼弗雷特能用世界语写剧本时，克拉夫特还不能写出完整的句子。

而且，克拉夫特也很迟钝，他内向、自卑，个性懦弱。

女儿3岁的时候，有一次，她给一些孩子朗读自己写的诗歌。虽然那些孩子还听不太懂诗歌，但他们仍对女儿的朗读报以掌声，而克拉夫特却对女儿的朗读毫无兴趣、毫无反应。

后来，我跟克拉夫特的妈妈谈起了她的儿子。

克拉夫特的妈妈告诉我，儿子小时候，她和丈夫都很忙，没有太多时间教育他，也从没有特意教他说话。

而且，克拉夫特的父母都沉默寡言，很少和儿子讲话，这就使得克拉夫特缺少了很多学习语言的机会和环境，他习惯了沉默，语言能力自然得不到好的发展。

克拉夫特的妈妈说："孩子大了自然就会说话，不用有意去教。"正是妈妈这种错误的观念，才导致了克拉夫特的语言能力落后。

在语言发展关键期，孩子学说话需要外界的语言刺激，而父母的责任就是在孩子语言发展关键期提供良好的语言环境，帮助孩子发展语言能力。

>>>>>>>>>>>>>>>>>>>>>>>>>>>>

当地曾流传一个有关狼孩的故事，这个故事能够很好地说明这个问题。

狼孩在很小的时候被狼叼去并被狼养大，被狼叼走的时候，他还是个婴儿，什么都不懂，也不会说话。

狼不会说人类的语言，它自然无法教狼孩说话。后来，人们在狼生活的地方发现这个狼孩，把他带回了人类社会。那时，狼孩已经七八岁了，但还不会说话。

狼孩被带到人类社会后，人们费尽心力地想要教他说话，他们用了各种办法、使用了各种手段。但是，几年过去了，狼孩依然不会说话。

这很容易理解，狼孩在语言学习关键期没有学习人类语言的环境，他自然学不会说话。可见，为孩子提供正确的语言环境很重要。

另外，养育过孩子的父母都有这样的经验，就是孩子在两三岁时学习语言特别快。而狼孩早已错过了这个时期，所以他回到人类社会后很难学会说话。

>>>>>>>>>>>>>>>>>>>>>>>>>>>>

如果孩子从小生活在人群中，有相应的语言环境，即使我们不刻意去教孩子学说话，他也能学会说话，因为他可以自主地模仿周围的人说话。

但父母们需要注意，此时，我们给孩子提供的应是正确的语言环境，而不是混乱甚至错误的语言环境。

如果孩子周围的人说话有很多错误或语言不规范，比如不规范的方言或错误的发音等，孩子自然学不到正确的、规范的语言，而是学会了不规范的方言、错误的发音。

从另一方面说，有了正确的语言环境，而父母又及时地教育孩子学习语言，就会使得孩子的智力得到更好的发展。否则，孩子的智力潜能会浪费很多。

女儿还没出生时，我差不多就开始对她实施语言教育了。最初，我是让她有更多的机会能听到人的说话声，给她更多听的机会。

在我怀孕时，我常常和肚子里的女儿讲话。女儿出生后，我和丈夫更是经常与女儿交谈，即使她还是个襁褓里的小婴儿，我们也像对一个大孩子讲话一样与她说话。

那时，我们会和女儿讲一切我们看到的事物、听到的声音、正在做的事情，我们也会给她讲自己的想法和感受，给她讲一切可以讲的事情……

有时，我和丈夫会抽时间朗读文章给女儿听，给她讲故事、唱儿歌。我相信，我们这些做法对女儿学习语言做了很好的准备。

女儿几个月大时，她对我们的说话声有了反应，比如我们跟她说话，她会微笑或者摆手，或者咿咿呀呀地应和着。此时，我们会积极给予她回应或鼓励。

女儿会说话以后，我就设法给她创造让她说话的机会，保持她说话的热情和兴趣，不断鼓励她说。

正是由于我们给了女儿更多听话的机会，给了她更多讲话的机会，她的语言能力才发展得非常迅速，并超过了其他很多孩子。

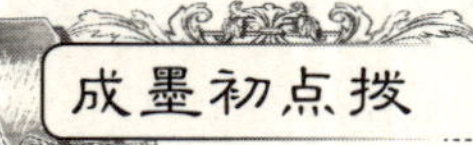
成墨初点拨

孩子还不会说话时，父母要让孩子多听，听父母说话，听故事、儿歌等，要及早教孩子学习说话，为孩子的语言发展和智力发展储备语言和思维材料。

用正确、标准的语言教孩子

我认为，从小教孩子完整、标准的语言非常重要。在女儿很小的时候，她还听不懂我在说什么，但即便如此，我也会用完整、标准的语言跟她说话，而绝不使用不完整的、不规范的语言。

有些父母可能会忽略这个问题，虽然他们很早就开始教孩子学说话，但他们有时会使用不完整、不标准、不规范的语言教孩子学说话。

比如，教孩子说“小猫”，父母不说“小猫”，而是说“喵喵”；教孩子说“我吃饭”，不是说“我吃饭”，而是说“饭我吃”。

小孩子还分辨不清父母说的这些是正确的还是错误的，但不管正确还是错误的，孩子都会不加分别地全盘接收。

或许，父母使用这些语言是担心孩子听不懂，觉得使用“喵喵”之类的语言形象、生动、好玩，孩子会更容易学会。

事实上，不管父母说什么样的语言，是正确标准的语言还是“喵喵”之类的语言，孩子都能接收。也就是说，孩子对不同的语言有同样的接收能力。

如果父母说“喵喵”之类的语言，孩子就学会了不规范的、错误的语言，并形成牢固的语言习惯，以后改正它还要花费更多的精力。

因此，父母最初教孩子这一类不规范的语言纯粹是浪费时间，浪费了开发孩子其他潜能的宝贵机会。

所以，父母开始教孩子学说话时，一定要教他正确、完整、标准、规范的语言。

>>>>>>>>>>>>>>>>>>>>>>>>>>>>

在我们周围，经常会发现一些成年人，甚至那些受过良好教育的成年人，也可能说话发音不准、用词不准。在我看来，这些人正是由于幼年时没有受到正确的语言教育所造成的。

我有一位朋友就是这样，她是一位心理学博士，讲话的时候常常用词不准确，这让她很苦恼。朋友的这种状况，正是由于小时候没有获得正确的语言教育所造成的。

朋友很清楚自己这个问题的根源，她也很想改正这个缺陷，但要改变很难。有一次，她对我说：

“我小时候妈妈教我学说话时，她经常用‘这个’或‘那个’来代表某个物品，或者用‘果果’代表苹果，用‘轮轮’代表汽车等。

“此后，我想要什么东西时，也习惯了一手指着某个物品，一边说‘这个’或‘那个’，也用‘果果’‘轮轮’一类的词汇代替苹果或汽车。

“妈妈教我说的这种不标准的语言很多，虽然我长大后逐渐知道了这些说法不正确，但很难改正，因为已经养成了习惯，很多时候，我还会不自觉地用那样的语言。”

我很理解朋友的苦恼，正是她的母亲给她造成了这种苦恼，是母亲教她不正确的语言才造成了今天这样的结果。

>>>>>>>>>>>>>>>>>>>>>>>>>>>>

根据我教女儿学说话的经验，我认为，教孩子完整的、标准的语言其实很容易，我们没有任何理由不教孩子完整的、标准的语言。

其实孩子对于语言的吸收能力很强，从小给孩子灌输完整的、标准的语言，是父母的责任。

教孩子错误的语言，不仅会对孩子的智力造成某种程度的伤害，还要再花费时间和精力去改正，而改正这种错误语言时孩子还要经历心理上的痛苦，这真是得不偿失。

为了让女儿得到最好的语言教育，从一开始，我就用正确的、完整的、标准的英语跟她说话，像那些“喵喵”之类不规范的语言，我从不对女儿说。

那时，我还要求丈夫和女佣跟维尼弗雷特说话时，都要讲正确规范的语言，以给维尼弗雷特创造良好的语言学习环境。

在这样的环境下，维尼弗雷特很小就能说非常标准的英语，她的发音标准、用词准确，而且，她的嗓音很好听。

因为维尼弗雷特的口头表达能力好、发音标准，她常常会在一些聚会活动上担任主持人，很多人都喜欢听她动听、标准的嗓音。

维尼弗雷特能熟练地说英语后，又很快学会了西班牙语、法语、世界语等很多种语言，她的语言能力获得了极大的发展。

维尼弗雷特并没有特殊的语言天赋，她的语言能力之所以如此棒，就是因为她一直得到了正确的语言教育。

成墨初点拨

对于孩子来说，父母从一开始就要教给他正确的东西，语言教育也应如此。父母不要因为孩子小，就教给他一些不标准的儿语、简化语言等，这对孩子是一种智力浪费。

通过各种方式教孩子学语言

教女儿学习语言时，我会设法使用各种有效的方式。如前面提到的经常与女儿讲话，给她朗读文章，或者在一些游戏中教她学语言。

讲故事也是我经常使用的一种方式。我给女儿讲故事，通常是选那些经典的童话故事，比如安徒生童话、王尔德童话故事等，我认为，这些经典的童话故事语言使用比较规范标准。

女儿小时候，我差不多每天都给她讲故事。讲故事时，我会讲得比较慢，力求发音清楚，还会加入一些夸张的表情、手势、动作等，以引起女儿的兴趣。

听故事听多了，女儿就了解了很多新事物、明白了很多道理，而且，她的语言能力也获得了很大的发展。

小孩子喜欢反复听同一个故事，维尼弗雷特也是这样。女儿小时候，我给她讲的很多故事，她都能对其中的细节或人物了解得一清二楚。

后来我想："何不让女儿给我们讲这些故事？因为她的语言表达能力已经很强了。"于是，我开始尝试着这样去做。

起初，我给女儿讲故事时，讲到某个地方就停下不讲了，而让女儿接着讲下去。如果她忘记了某个情节或细节，我就给她提示。

经过一段时间的训练，慢慢地，女儿就能自己完整地把一个故事讲完。

不仅讲书上的故事，很多时候，我会引导女儿将自己看到的、听到的或经历的事情编成故事，讲给我们听。

讲故事是很好的语言表达训练，女儿的词汇量越来越丰富，语言表现力也越来越强。

>>>>>>>>>>>>>>>>>>>>>>>>>>>>>>>>

表演话剧或小品也是我锻炼女儿语言表达能力的一种方式，幸运的是，女儿也很有表演天赋，她很喜欢表演话剧、小品等。

有一次，我在回家的路上遇到一对母子。当时，母亲可能是催促儿子回家，但儿子好像还没玩够，坚决不跟母亲走，于是母亲把儿子训哭了。

看到这对母子，我在不远处饶有兴趣地观察了他们一会儿。最后，那位母亲强行抱起哭闹的儿子走了。

回到家后，我向3岁的女儿描述了这件事，并提议将这件事编成一个小故事，我们来表演，女儿马上同意了。

一开始，我扮演那位母亲，女儿扮演那个孩子。

我对女儿说："宝贝，我们回家好不好？"

"不好，我还没玩够呢。"女儿抓起旁边的一个玩具，假装在玩。

"可是，妈妈想回家了。"我心平气和地说。

"我不想回家。"女儿头也不抬，继续"玩"她的。

这真是个难题，我有些没辙了，想着该怎么说服她。

过了一会儿，我蹲下来，对女儿说："宝贝，妈妈觉得你很懂事、很聪明。我问你一个问题，现在妈妈想回家，你不想回家，你觉得怎么办才会让妈妈高兴、你也高兴呢？"

这对女儿也成了一个难题，她停止"玩耍"，站在原地思考着。

我没有催促女儿，我觉得这对她是一种考验，她要思考怎么解决这个难题，还得准确地表达出来。

过了好久，女儿才说："妈妈，我再玩五分钟就回家，这样我也高兴，妈妈也高兴。"

听了女儿的话，我欣慰地笑了，她果然聪明。"OK！"我笑着对她说。

接着，我们又互换了角色，我来扮演孩子，她来扮演妈妈，我们又一次表演了这件事。

我们进行的此类话剧或小品表演还有很多，这也是培养和锻炼女儿语言表达能力的一种有效方式。

成墨初点拨

锻炼孩子语言表达能力的方式有很多，与孩子多交流，让孩子演讲、讲故事、话剧和小品表演等，都是不错的方式，父母可根据实际情况采用有效的方式培养孩子的语言表达能力。

在生活中教孩子学语言

我希望女儿聪明、有智慧，并生活得幸福快乐。我认为，语言能力是人幸福地生活在人群中的重要能力。因此，我非常重视对女儿的语言教育。

不到两岁，女儿就表现出了突出的语言能力。有人说她生来具有语言天赋，其实，她并没有特殊的语言天赋，只是我对她进行了及时、正确的语言教育和训练。

我训练女儿学习语言的方法很简单，一个很重要的方面就是，我会让她在每天的生活和与人的交际中练习使用语言。

从周围的实物、日常生活及交际实践中学习语言非常有效，这可以将语言与实物、具体事件和生活结合起来，更有效率地让孩子学习语言。

学习各种事物的名称是学习语言的第一步。女儿还不会说话时，我时常指给她看周围的各种物品，并教她说出这些事物的名称。

“这是桌子，这是椅子……”每次我用手指着某种物品说出它的名字时，女儿

就会认真地听、专注地看，这可以将语言和事物结合起来，一起在她的大脑里留下印象。

虽然当时女儿还不会说，甚至不理解我说的是什么，但我相信，这些会成为她潜意识里的语言储备。

我每次都给女儿说标准英语，这样的语言在她的大脑里积累到一定程度，到她会说话的时候，这些语言就会回放出来，使她能够自然、轻松地使用语言。

>>>>>>>>>>>>>>>>>>>>>>>>>>>>>>>>

女儿会说话后，我就让她在生活中学习运用语言，让她用语言来表达自己。

比如，带女儿出去玩时，我会问她看到了什么、听到了什么，让她把这些讲述出来。女儿做事时，我也时常会让她讲述自己所做的事情，以及她的想法和感受等。

假如女儿正在帮我择菜，我会对她说："宝贝，我们在做什么呢？是怎么做的？你给我讲一讲，好不好？"

听到我的发问，女儿会说："我和妈妈在择菜，我们把烂掉的菜叶摘掉，留下好的菜叶。烂掉的菜叶不好吃，只有好的菜叶才好吃。"

如果我和女儿在动物园里游玩，我会问她："宝贝，今天你看到了哪些动物？"

有时，女儿会一边看着动物园里的黑熊，一边接过我的话茬说："我看到了一只黑熊在找东西吃，它胖胖的，看起来好笨哦。看，妈妈，黑熊找到了一个玉米，它在吃呢。"

当然，一开始，女儿不会说得这么流利、准确，她可能会用错一些词，会颠倒语序。但我总会抓住时机，巧妙地将正确的表达方式教给她。

由于经常这样锻炼，女儿的表达能力越来越强，英语说得也越来越好。

>>>>>>>>>>>>>>>>>>>>>>>>>>>>>>>>

至于语法，我觉得没必要特意去教孩子。因为，语法对孩子来说比较抽象、枯燥，我们只需要在实际生活中引导孩子如何使用正确的语言即可。

女儿8岁前，我没有单独教过她语法，而更多的是在听和说的实践中让她潜移默化地学会语法。

比如，教女儿学习主语和宾语时，我不教她怎样掌握句子的语法结构，而是通过直接的对话来完成。

如果女儿想要一个苹果，不过她用错了代词，说："Give I an apple（给我一个苹果）。"此时，我不会给她讲"动词+宾格代词+名词"的句法结构，我只是说："你应该说'Give me an apple'。"

如果她仍然说"Give I an apple"，可能是她还不清楚"I"和"me"的区别及不同用法。若我给她讲解语法，告诉她"I"和"me"的区别，她可能会听不懂。

所以，我会反复鼓励她："你应该说'Give me an apple. Give me an apple.'。"

当女儿说出了正确的句子，我就拿一个苹果给她，并说："I give you an apple."

经过多次这样的练习，女儿就逐渐明白了"I"和"me"的用法。

成墨初点拨

实际生活中的语言才是活生生的，也才是孩子更容易掌握的。父母一定要结合具体的事物，在日常生活和交际的实践中生动地教孩子学习语言。

给孩子表达的机会

很多孩子学会说话后就很喜欢说，他们有时会反复地说刚学会的词。维尼弗雷特也是这样，学会说话后，她常常自言自语，不停地说，并时常反复说刚掌握的词。

有时，她会一边玩，一边不停地说："桌子上有苹果，娃娃也要吃苹果。""这是一个玻璃杯，不能把它摔碎了。"等。

看完一本有关小熊爬树的图画书后，女儿常常乐颠颠地跑到我身边，对正忙着的我说："妈妈，这个小熊好笨哦，它爬不上树。"

我笑着看着女儿，而她继续自说自话："小猴子就很聪明，它会爬树，还爬得很快。松鼠也会爬树，还有蚂蚁，它们都会爬树。"

女儿开始喜欢讲话后，我很少会打断她，而是用眼神鼓励她继续说下去。

她会继续说："可是，小熊为什么爬不上树呢？它那么高大，怎么就那么笨呢？"停顿一会儿，她可能就会自己给出问题的答案，"哦，可能它还没学会爬树吧！"

女儿就是这样，瞅准一切机会表达自己，而我只是安静地听她说。

如果从外面玩耍回来，女儿也常常会兴奋地对我讲她看到的、听到的、做过的事物和事情，而且她会长时间地对我喋喋不休。

每当此时，即使我正在忙，我也尽可能地放下手中的事情，耐心地听女儿讲一会儿，以免打击她说话的积极性。

我耐心倾听的态度给了女儿很大的鼓励，给了她更多表达自己的自由，因而，她更愿意对我讲很多事情。

女儿的语言表达能力很强，我想，这也正是因为我给了她更多表达自己的机会，让她更好地锻炼了自己的表达能力。

>>

我认为，听孩子说话、允许孩子自由表达，这也是了解并教育孩子的好机会。

在听女儿说话时，我不会轻易打断她，而是耐心听她把话说完。因为，只有她充分地表达了自己，我才有可能真正了解她。

在这一方面，我曾有过一次失败的经验。

有一天，4岁的女儿从外面回来，她对我说："妈妈，今天我抓了一条小鱼……"

听到这里，我很奇怪：我一直教育她要爱护小动物，怎么今天不听话了呢？怎

么去抓小鱼呢？

“你怎么能抓小鱼呢？把小鱼从水里抓出来，它会死掉的。”我没有弄清楚事情的经过，就断然批评女儿说。

女儿看起来有些委屈，她收敛住笑容，着急地对我说：“妈妈，我把小鱼抓起来放到水里去了，是托尼把它从水里抓出来扔到地上的。”

此时，我才明白自己冤枉了女儿，急忙对她说：“宝贝，妈妈没弄清楚情况就批评你，妈妈错了，妈妈向你道歉。”

此后，我学会了耐心听孩子把话说完，不管她说的是对还是错。我认为，如果我们不听孩子把话说完就批评、否定他，就可能会抑制孩子说话的欲望，也会让我们失去更多了解孩子的机会。

耐心地倾听孩子，就会给孩子充分表达自己的自由，这对提高孩子的语言表达能力是非常重要的。

\>>>>>>>>>>>>>>>>>>>>>>>>>>>>>>

此外，我会设法尽可能多地给女儿创造表达自己的机会，这样既可以锻炼女儿的语言表达能力，也会促进她的智力和个性发展。

比如，有一段时间，每天晚餐之前，我提议在家里进行“畅所欲言”的活动。

这个活动是，家里每个成员都要在吃饭前说一段话，表达自己的某些想法和意愿。可以是对家庭成员做某事的意见，可以是对最近发生的事情的看法，也可以是自己的愿望或要求等。

这个活动让女儿很开心，因为她可以大胆地批评爸爸或妈妈某件事做得没对她的口味，可以大胆地要求自己做某事的权利，可以无所顾忌地说出自己的想法和感受……

当然，这个时候，女儿表达自己的观点时，我和丈夫都会认真地倾听，思考着她的要求或建议，并与她商量怎样解决问题。

另外，我会创造条件，给女儿提供演讲、表达和锻炼自己的机会。比如，我会帮助女儿组织孩子们的演讲活动或引导她自行组织聚会活动，让女儿有表达自己的机会。

由于女儿性格活泼，她很喜欢和伙伴们在一起进行各种活动，且从中得到了很好的锻炼。如今，她能非常自如地对着很多人清晰地表达自己的想法和意见。

成墨初点拨

孩子的语言能力在持续不断的表达中才得以提高。父母要给孩子说话的机会，懂得倾听孩子，接纳孩子的喋喋不休，并要给孩子创造更多机会和条件，让孩子表达自己。

教孩子学习外语

女儿的英语说得非常熟练后，我决定尽早教她学习外语，我认为，这对于开发她的智力很有好处。

有人说，小孩子完全有能力同时学会两种、三种甚至更多种语言。但我认为，这样做并不好，尤其在孩子还不能熟练地掌握母语时，这会让孩子将不同的语言混淆，甚至使其哪一种语言都学不好。

我觉得，教孩子学语言不能急于求成或盲目地求多求快，而要循序渐进。

女儿没有熟练地掌握英语前，我没有教她任何一种外语，我是在她熟练掌握英语后才开始教她学习西班牙语。

先学习西班牙语，是因为我觉得西班牙语相对较简单，小孩子能很容易学会。

教女儿学西班牙语时，我也采用了与学习英语类似的方法。比如先给她播放或朗读西班牙语的故事、诗歌，训练她的听力，在实际交流中学习使用西班牙语等。

运用正确的学习方法，女儿很快就掌握了西班牙语，然后她又学会了法语、德语等几种外语。

此后，我开始教女儿学习世界语，世界语是国际通用语言，有更广阔的应用空间。

世界语非常简单易学，听说大文豪托尔斯泰只花了一个小时学习就会用世界语写信了。我想，我应该把世界语作为第一外语教给女儿，然后再教她学习其他外语。

在我的教育下，女儿的世界语也进步很快，到她4岁时，她就能用世界语进行读写，也能自由地运用世界语与别人对话。

>>>>>>>>>>>>>>>>>>>>>>>>>>>>>>>>

为了让女儿更灵活、更熟练地运用世界语，我鼓励她用世界语进行各种有益的活动。

比如，女儿5岁时，她开始教其他孩子学习世界语。教其他孩子学习世界语时，女儿也像我教她学习语言一样，使用了游戏等方法。

在纽约，我经常为了宣传世界语而去演讲。这些时候，我经常带上女儿，她可以配合我的活动和演讲，在很大程度上帮助我。

在活动中，为了让观众更好地了解世界语，为了让他们知道世界语简单易学，我会让女儿用世界语给观众背诵诗歌或讲故事。

女儿对世界语的熟练掌握影响了很多人，他们都开始积极地学习世界语。

那段时间，国内召开了一次世界语大会。在会上，女儿用世界语朗读了普林斯顿大学马库罗斯基教授写的诗歌。

那个场面很有意思，由于女儿年龄小、个子小，人们让她站在桌子上完成了朗读。

女儿朗读结束，她又和70多岁的马库罗斯基老教授用世界语进行了一段对话表演。这样的场面很让人感动，很多观众当场表示要学习世界语。

女儿取得这样的成就，我也很高兴，为她熟练运用世界语的能力而骄傲。

>>>>>>>>>>>>>>>>>>>>>>>>>>>>>>>>

因为学习了世界语，女儿也有机会结识了很多其他国家的孩子，这些孩子的地址和名字都可以在世界语年报上找到。

14岁时，女儿当选为“美国少年和平同盟”的会长，“美国少年和平同盟”旨在加强世界各国青少年的联系和友谊，这使得女儿有更多机会与其他各国的孩子保持联系。

借这样的机会，女儿开始用世界语与其他国家的孩子通信。她首先收到了来自一个俄罗斯孩子的信，收到信那天，女儿非常高兴，她还兴奋地给我朗读了信的内容。

在信中，这个俄罗斯少年用世界语向维尼弗雷特讲述了俄罗斯的环境、风土人情、文化，还讲了几个俄罗斯的历史故事。

后来，女儿又使用世界语相继与日本、法国、印度等国家的孩子通信。

与外国的孩子通信多了，我开始建议她使用某种语言与该国的孩子通信，比如用日语与日本的孩子通信，用法语与法国孩子通信。

对维尼弗雷特来说，这样的通信很有意义，不仅增加了她的见识、扩大了她的视野，使她了解了很多国家的文化，也让她认识了各国的朋友，而且，这对她使用各种外语也非常有帮助。

我想，如果女儿不会外语、不会世界语，她就不可能结识这么多不同国家的孩子，也就很难真切地了解到不同国家的文化了。

女儿有一次曾感激地对我说：“妈妈，我很感激你，是你教会了我那么多外语，这才让我有机会认识了那么多好朋友。”

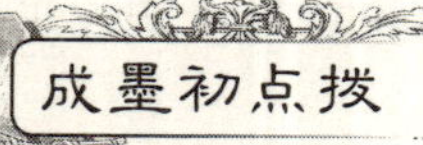

成墨初点拨

教孩子学习外国语是拓宽孩子知识和文化视野的一个途径，父母可根据孩子和自身的实际情况，在孩子熟练掌握母语之后，引导他开始学习一门或几门外国语。

第5章

引导孩子在游戏中受教育

游戏对于婴幼儿期的孩子有非常重要的意义，可以说，游戏是这个年龄段的孩子学习和工作的方式，孩子可以在游戏中受到教育、获得各种体验、培养各种能力等。

小孩子天性活泼好动、好玩，对他们而言，游戏是最有效的学习方式，他们能在游戏中快乐而高效地获取和掌握知识信息，能自然而然地使能力和个性得到最充足的发展。

因为游戏是开放的、有趣味的，它可以模拟人们生活的各种场景，可以刺激孩子发挥想象力和创造力，这些都是符合孩子心理特点的。

维尼弗雷特小小年纪就掌握了那么多知识，获得了很多优于其他孩子的成绩，她的母亲斯特娜对她采取了游戏教育法是非常重要的原因。

斯特娜的教育方法是科学且高效的。要提高对孩子教育的效果，父母应当设法采取游戏教育法。否则，单调乏味的教育只会伤害孩子的心智，使家庭教育达不到预期目标。

孩子的玩耍就是学习

很多父母都知道，对婴幼儿来说，要进行各种内容的学习，用游戏的方式效果最好。

人是这样，小动物们也是在游戏中掌握生存的本领，这也许是一切生物在生命之初都具有的本能吧！

生了女儿不久，有一次，我看到邻居家的一只小猫在外面不停地跳跃、翻滚，它一会儿跳几下，一会儿在地上打几个滚。

有很大一会儿，小猫发现了自己身后的尾巴，它就开始不停地转着圈去咬自己的尾巴。

一会儿，这只小猫又发现旁边有一块小石子，它又兴致勃勃地开始玩起了石子，用嘴巴拱、用前脚踢，玩得不亦乐乎。

对这只小猫来说，这一切动作都是好玩的游戏，它独自在那里玩了很久，似乎玩得很开心。

小猫的举动让我深受启发，因为我觉得，它不仅是在玩游戏，它的很多动作都是在锻炼自己身体动作的灵活性，这也可以帮助它训练捕鼠的能力。

当时，我想到，小动物可以通过游戏来锻炼自己的能力，而如果利用游戏的方式来教育小孩子，效果应该也很不错。

领悟到这一点，在此后几年对女儿进行早期教育时，我几乎都设法借助于有趣的游戏来实施。

>>>>>>>>>>>>>>>>>>>>>>>>>>>>

有的父母认为，“学习”就应正经地坐下来进行。因此，一提到教育孩子或孩子学习，这些父母就认为是让孩子安静地坐在桌前，教他一些文化知识。

但父母可能会发现，让幼小的孩子这样坐下来学习往往没有效果，小孩子更喜欢玩。

这些父母可能还不了解，玩耍或游戏才是孩子最好的学习方式，对孩子而言，像成人那样安静地坐着学习是很痛苦的。

这是因为，婴幼儿期的孩子以具体的形象思维和动作思维为主，具有声音、形象、具体实物、动作等生动形象的材料，才是孩子最容易理解和学会的。

而游戏就集中了声音、形象、实物、动作等各种生动的要素，正符合孩子的认知特点，这种方式自然更容易被孩子所接受，游戏中所包含的知识信息或经验更容易让孩子吸收。

比如，我有时会和女儿玩“售货游戏”，在这个游戏中，女儿学会了怎样与人——顾客——交流，学会了数字加减法以及简单的商品买卖等知识。

类似的游戏女儿很喜欢，她常常乐此不疲、不厌其烦地玩，我也能不露痕迹地教女儿一些相关的知识和经验。况且，在这样的游戏中学到的知识，女儿会记得非常牢固。

如果我只是用嘴巴、用单调枯燥的语言告诉她：对待顾客要有礼貌、与人说话要和气、十减六等于多少这些知识，只怕女儿会觉得很无趣，自然也就难以学会和记住这些知识。

同样，其他很多游戏都会带给孩子快乐，孩子也能在游戏中快乐地、有意无意地记住相应的知识。

不仅是数学、语言等各种文化知识，生活技能如照顾自己的经验、与人交往的经验、品质和习惯的培养等，都可通过游戏的方式轻易地让孩子掌握。

所以，在教小孩子学习知识、技能以及品德时，父母要结合游戏这一方式，让孩子在快乐的玩耍中愉快地掌握知识、技能，培养品德和习惯等。

孩子生性好动、好玩，孩子的工作是游戏，孩子学习的途径和方式是游戏，父母绝不要剥夺孩子玩耍的权利，而要设法将某些知识信息融入游戏中，让孩子快乐地掌握各种知识和技能。

在游戏中学习语言

维尼弗雷特能说13种语言，很多人对此感到惊讶。我认为，女儿会说这么多语言，是因为我在关键时期、运用正确的方法教会了她而已。

幼儿学习语言的能力非常惊人，如果有良好的学习语言的条件，幼儿完全有可能学会很多种语言。

在教女儿学习英语和其他语言时，我更多地是采用了游戏法，我相信游戏法是小孩子掌握语言最有效的办法。

女儿学习外语时，有一段时间，我曾用13个不同的玩具来代表13个国家。然后，我让女儿用13个国家的语言对这些玩具说话。

我们用一些动物玩偶来代表不同的国家，如狮子代表俄罗斯，企鹅代表日本等。

每天早上，我会让女儿用13个国家的语言对13种动物玩偶说“您早”，如用俄语对狮子玩偶说“您早”，用日语对企鹅玩偶说“您早”。

当然，女儿对这些玩偶说的不仅仅是简单的“您早”，后来，当女儿能熟练地说各种外语时，她会用不同国家的语言对这些玩偶讲更复杂的话。

>>>>>>>>>>>>>>>>>>>>>>>>>>>>>>

为了配合女儿学习外语，我时常和她玩“翻译家”的角色游戏。

我扮演“外交官”，要和不同国家的人进行交流、交往，而女儿扮演“翻译家”，作为我的随从翻译。至于不同国家的人，自然就由那些企鹅、小狗等玩偶或一些家具来扮演。

比如，假定我到不同的国家“出访”，我会对该国居民进行简单的问候，如

说“您好”“见到您很高兴”。

或者，假定不同国家的“客人”到我们国家“来访”，我作为“外交官”接待他们，对他们说“欢迎您到美国来”“希望您在美国过得愉快”。

此时，我是个不会外语的“外交官”，而我所说的话都由女儿翻译给“各国人民”，同时她把“各国人民”说的当地的话再翻译给我听。

当然，在游戏中，“各国人民”对我说的话都是女儿代说的。

我们也会通过游戏的方式练习在其他场合与不同国家的人进行交流，比如练习在外国购物、旅行、吃饭等。

事实证明，这些游戏增加了女儿学习外语的兴趣和积极性，使她轻松地学会了越来越多的外语。

>>>>>>>>>>>>>>>>>>>>>>>>>>>>>>>>

不仅教女儿学外语使用游戏法，她最初学母语时我也常利用游戏法来教她。

比如教她学英文字母时，我利用了很多漂亮的字母卡片，每张卡片上都写着不同的字母，一面是大写字母，另一面是小写字母。

在墙壁上，我还挂了一些写有字母的卡片，这些字母是彩色的，可以很方便地取下或挂上。

女儿兴致好的时候，我就会让她看这些彩色的、漂亮的字母卡片，并发音清楚地读出字母。

经过一段时间之后，女儿就会无意中记住一些字母的读音和形状。我会读出某个字母，让她从卡片堆中找出那个字母。

每次女儿能正确地找出字母，我就微笑着亲吻她，有一段时间，她很喜欢这个找字母的游戏。

有时，女佣也和我们一起玩这个游戏。比如，我指着某个字母，女佣读出来，然后女儿到墙壁上去找相同的字母。

或者，我们会一起玩“为字母找妈妈”的游戏，游戏过程是这样的：

我指着字母“A”，并告诉女儿我有两个A(a)。此时，女佣就把墙上字母“a”的卡片拿起来，放到“A”的旁边，这就是为字母a找到了妈妈（A）。

用同样的方式，我们为字母“b”找妈妈“B”，为字母“c”找妈妈“C”等。

一开始是我和女佣做这个游戏，女儿只是看着。后来，我逐渐让女儿来做这个游戏，通过这种方式，她很快就学会了几乎所有的字母。

>>>>>>>>>>>>>>>>>>>>>>>>>>>>>>>>

教女儿学英语单词时，我也使用了同样的方法。

女儿认识了一些事物名称后，我就找来一些带有事物图片的卡片，这些卡片上的事物是生活中常见的东西，比如桌子、小猫、杯子等，我在卡片的另一面写上该事物的单词。

教女儿认识单词，我会和她玩“找找看”的游戏。我说出一个事物的名称，让女儿在这些卡片中找出相应的事物。女儿正确地找到卡片后，我就教她读另一面的单词。

比如，我说：“宝贝，请找出有小猫的卡片。”女儿找出来后，我就反复给她读“cat”的发音，同时我引导她将这个单词读出来。

有时，我会指着在旁边睡觉的真的小猫，反复给女儿发“cat”的音，同时给她看卡片上的单词。有时，我们还将写有“cat”的卡片放到小猫身上去。

通过这样的方式，女儿很快就学会了单词“cat”。

这种方法很有效，没过几天，女儿就学会了帽子、椅子、狗等单词，还学会了拍打、踢、咬等动词。

这样教育的结果是，女儿不到1岁半就学会了阅读，这使得我以后对她的教育顺水行舟一样地顺利。

成墨初点拨

对于孩子，语言学习应是生动有趣的，而不应是单调乏味的语言传授。父母可根据孩子的年龄和实际水平，创设一些孩子喜闻乐见的语言游戏，让孩子在游戏中掌握语言知识。

在兴趣中学拼写

使用卡片教女儿学会字母，并教她学会一些单词后，我就等待时机，希望可以教她学拼写。

一次偶然的机会，我发现女儿对打字机产生了兴趣。

那天，我正在用打字机打一个文件，听到打字声，女儿凑上前来，好奇地看着打字机。

一会儿，她伸出手来，希望也在打字机上敲打键盘，想要学我在打字机上打字。不时地，她还看一眼已经打出一些单词的纸。

这时，我突然想到可以教她打字，因为她已经认识一些单词。

于是，我停止工作，换了一张纸，我把着女儿的手，让她用手指在键盘上敲打出几个她已经认识的单词。

一会儿，我们打出了好多单词，我指着纸上的单词让她读，她基本都读了出来。看到这些自己认识的单词，女儿非常开心，很有成就感。

见女儿对打字有兴趣，我开始教她自己在打字机上打字。我想，这样也可以教她学习拼写。

那段时间，女儿几乎天天嚷着要玩打字，在她眼里，打字就是一个好玩的游戏。不知不觉中，她学会了很多单词的拼写。

后来，女儿学会了写一些句子，再后来学会了写诗歌，她就将自己写的句子或诗歌在打字机上打出来。

那一年，有一段时间，我因为手术住院，女儿就用打字机打出了写给我的信，并给我寄来。

看着女儿的信，我觉得很感动，也很温暖。

>>>>>>>>>>>>>>>>>>>>>>>>>>>>>>>>

虽然女儿学会了使用打字机打字，但我仍不放弃教她用笔写字。

女儿小时候很调皮，也很机灵，什么事情都要模仿我。当我用钢笔写字时，她也时常充满兴趣地模仿我写。

女儿模仿我时，如果不是特别忙，我就抽空教她用笔写字。

我认为，孩子在有兴趣做某事时，能更容易地学会做这件事。因此，我觉得，父母应抓住时机，耐心地教孩子去学。

由于女儿通过打字学会了一些单词的拼写，她学习用笔写字时就轻松一些，因为写字也是一个书写的过程。虽然她的手还不是很有力，写出的字歪歪扭扭，但她总能正确地写出某些单词。

我们都知道，孩子刚开始学写字时都会显得笨拙，字迹歪歪扭扭，甚至会写出一些错字，这也是很正常的。

女儿开始用笔写字只是觉得很好玩，她看到自己通过运笔写出一个个字，觉得很开心。那时，女儿常对我说："妈妈，我们玩写字吧！"

在教女儿学习用笔书写的过程中，我也会尽量让她发现写字的乐趣和成就感，我觉得，这样才能保持她继续写字的兴趣。

尽管女儿开始写得不好，有时还会有错字，但这些都不重要，只要她能写出一个字，我就高兴地夸赞她："宝贝真能干，又写出了一个字。"

听了我的话，女儿总是很高兴，会继续有兴趣地玩她的"写字游戏"。

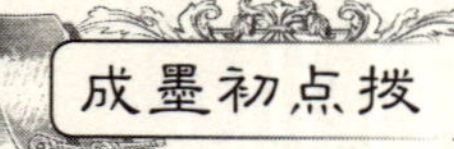

成墨初点拨

如果孩子觉得某事有乐趣，对做此事有兴趣，他就会愿意去做，并且能做得好，书写也不例外。所以，在教孩子书写时，父母也可用游戏的方式吸引孩子的兴趣，让其感受到乐趣。

以玩的心态学习阅读和写作

女儿很喜欢阅读，这也是让我高兴和自豪的事。而培养女儿爱上读书，我也付出了一些努力，采用了游戏的方式让她养成了阅读的好习惯。

比如，和女儿一起读《芭比游动物园》的故事时，我和女儿会把家里的一些玩具或家具当作动物园里的动物，结合故事内容，想象我们自己在游动物园，并和这些动物（玩具或家具）打招呼、问好。

这样有趣好玩的游戏方式可以吸引女儿去读故事，从而对阅读产生兴趣。

教女儿阅读其他故事书，我也常常采用类似的游戏方式和她表演故事中的情节。通过这种方式，女儿很容易掌握故事中的有关知识、学会阅读。

同样，女儿写故事时，我们有时也采用这样的方式。比如，她写《与仙女一起旅行》时，我们用想象旅行或角色扮演的方式设计了一些情节，这极大地开阔了她的思维，丰富了她的想象力和创造力。

这样，女儿写作时就有了自由发挥的更大空间，她写作时就很容易了。

>>

女儿刚学会拼写，我就开始教她写日记，她从两岁左右就开始写日记。

我给她准备了一个漂亮的日记本，日记本的封面上画了一些小动物，还有小花、小草，我还工工整整地写上了她的名字，命名为“维尼弗雷特的书”。

最初，女儿写的日记很短，有时仅有一句话，如“今天，妈妈给我买了一件新衣服，很漂亮。”“中午我吃牛排了。”

每次女儿写了“一篇”日记，哪怕只有短短的一句话或几个单词，我都会认真地读一遍，并在日记后面贴上一颗红色五角星或一朵小花。

看着日记本上满满的五角星和小花，女儿觉得很开心，每天高兴的时候就拿出自己的“书”来写。

有时，她一天会写好几“篇”日记。写一次，用她的话说就是“一篇日记”，就要求我给她贴一颗五角星，再写一次，她再要求给贴一颗五角星。

学会写句子后，女儿就热衷于用写日记来记录生活中的事情。每当刮风下雨不能到室外去玩的时候，她就拿出日记本写日记。

后来，女儿的写作能力有了很大的提高，写作水平也比同龄孩子要好得多。我想，她幼年时就开始写日记的习惯起了很大的作用。

成墨初点拨

如果阅读和写作对孩子仅是一种任务，孩子就会失去阅读和写作的兴趣。培养小孩子的阅读和写作能力，父母要设法吸引孩子的兴趣，让孩子乐于阅读和写作。

在游戏中感受音乐和节奏

女儿还不会说话时，我就让她接触钢琴，当时，我们可以说是在玩钢琴。

最初，我抓着女儿的手去接触黑白琴键，把着她的手摁下一个键，然后松开。这时，钢琴就会发出声音，而女儿也会咯咯地笑起来。

逐渐地，女儿对这种一摁就发声的“玩具”产生了浓厚的兴趣。

后来，每当女儿哭闹或者不开心时，我就常常抱着她来到钢琴前，我们一起摁下几个琴键，或者我给她弹奏几个音符，她立刻就会安静下来并开心地笑。

为了让女儿识别不同的音符，我在钢琴C大调的位置上，在每个琴键上贴上红橙黄绿蓝靛紫七种颜色的纸条，分别代表七个音符，并给它们起名红色音、橙色音等。

每天有空的时候，我就抱着女儿来到钢琴前，我让她找某种颜色的音，然后我们一起弹奏这个音。

就是通过这样的方式，女儿逐渐学会了区分不同的音符，并能根据“红色音”或“橙色音”或其他颜色的音找到相对应的音符。

>>>>>>>>>>>>>>>>>>>>>>>>>>>>

我教女儿学习唱音乐中的音符时，也使用前面说的那种学习字母的方法。

我在纸上画出七个音符符号，并贴在墙上。然后，我指着墙上的某个音符，给女儿唱出这个音，一遍遍地教她唱。有时，我会唱出某个音符，然后让女儿到墙上去找出相应的音符。

反复这样做，女儿就逐渐学会了唱这些音符。

有时，我会和女儿一起玩“找音符”的游戏。

我把不同的音符卡片藏在不同的地方，然后，我要求女儿找到某个音符。等她正确地找到后，我就在钢琴上弹出这个音符。

就是这个简单的游戏，也能让女儿不厌其烦地玩，能够找到音符并听我弹出相应音符的声音，让她快乐无比。

这样的游戏帮助女儿学会了区分钢琴的高低音，区分不同的音符，这对她日后学钢琴起到了一定的作用。

有一次，我的一位朋友送给维尼弗雷特一个礼物，那是一把木琴，木琴的琴键上都写着音符符号。

有时，我会用钢琴、女儿用木琴，我们一唱一和。她在木琴上敲击一个音符，我就在钢琴上弹奏相同的音符。或者相反，我在钢琴上弹奏某个音符，她用木琴敲击相同的音符。

这也算是“寻找音符”的一种玩法，可以帮助女儿很好地区分不同的音符或高低音。

>>>>>>>>>>>>>>>>>>>>>>>>>>>>

很多孩子大都是七八岁才开始学习音乐，而音乐感觉和音乐能力最好从小就开始培养，因此，孩子七八岁才开始学习音乐，已经错过最佳的时机了。

而且，在学校里，老师教这些孩子音乐时，只是教他们音乐技巧，而不是让他们欣赏优美而完整的曲调，这种教学法让孩子们都觉得很枯燥。

我认为，音乐技巧虽然重要，但对孩子来说，对音乐的美好感觉、兴趣以及音乐感受力更重要，这些会保持孩子持续学习音乐的兴趣。

我有一位朋友，他希望自己的儿子学习小提琴，为此他给儿子请来一位小提琴教师。这位教师就是用学校教师那种枯燥单调的教法教这个孩子，朋友的儿子还没怎么学小提琴，他就开始厌烦了。

我女儿从小喜欢钢琴，那时，钢琴在她眼里就是一个玩具，而我也设法和她一起“玩”钢琴，使她始终保持对钢琴的兴趣。

女儿3岁开始学钢琴时，为了让她始终能充满兴趣地学习，我设计了一些有效的方法。

比如，为了让女儿更好地记住音符的音调，我把不同的音调编成形象易懂的一句话，这句话每个单词的第一个字母代表不同的音调。

如，高音部分e. g. b. d. f. 可编成“Every good boy does finely（每个好孩子都做得很好）”。

低音部分g. b. d. f. a. 可编成“Good Boys do finely always（好孩子总是表现很好）”。

中音部分a. c. e. g. 可编成“A cow eats grass（母牛吃草）”。

同样，其他部分的音调也可采用这种方法来记忆。用这样的方法，女儿很容易记住不同的音调，她学习乐谱和曲调都很快。女儿甚至能自己编曲并弹奏出来，还把这些曲子写在一个本子上。

成墨初点拨

音乐是美的，但学习音乐有时可能是枯燥的。父母在教孩子学习音乐时，不要破坏他对音乐的美好感觉，让孩子在游戏中学习、让孩子体验音乐的美，这样才更容易让孩子爱上音乐。

数学游戏让孩子爱上数学

我最初教女儿学习数数时，她很喜欢学。因为，当时我主要利用卡片游戏或“开商店”等游戏来教她。这些游戏很有趣味，所以女儿很喜欢，学数数也很快。

但后来教她学习算术运算时，我却发现她没有了太大的兴趣，至少没有她在其他方面的兴趣那么浓厚。

似乎，她对数学不再感兴趣了。我教她简单的算术运算和乘法口诀时，她有时会心不在焉甚至感到烦躁。

女儿对数学差不多失去了兴趣，这让我也缺乏信心再继续教她，我有些不知道该怎么办了。

我很清楚，数学很抽象，对小孩子来说，如果不能找到合适的教法来教，孩子可能就不愿意学习数学。

当时，女儿快5岁了，她在其他方面都做得不错，比如她能说很多国家的语言，音乐和绘画才能突出，还发表了很多诗歌、散文，在历史、神学方面也达到了中学生的水平，但她的数学却始终进步不大。

对此，我有些担忧，也很苦恼。因为数学是很重要的学科，我担心女儿数学不好，会影响她的整体发展。我不希望女儿片面发展，我希望她是个全面发展、很多方面都比较优秀的人，这样她才能成为幸福的人。

但我知道，如果我强制性地要求女儿学数学，她肯定更反感、更不愿意学数学。我想尽办法，希望女儿对数学发生兴趣，提高她的数学成绩。

有一次，我巧遇了芝加哥的一名数学教授洪布鲁克女士，她在数学教学方面有很多非常有效的办法。

就女儿学习数学的问题，我虚心地向洪布鲁克女士请教，希望可以从她那里得到有益的启示。

听了我的讲述，洪布鲁克女士说："你女儿不喜欢学数学，我觉得可能跟你的教法有关。"

我说："我也不知道是怎么回事，她就是不怎么喜欢学数学，这应该与我的教法有关系。"

洪布鲁克女士说："因为你不能用有趣、好玩的方式教她，她就不喜欢学。我觉得，对这么大的孩子来说，数学游戏是最有效的，你可以想办法设计一些数学游戏教她计算……"

我觉得洪布鲁克女士的分析有道理，但我有时的确想不出更多好玩的数学游戏教女儿学习计算。

之后，洪布鲁克女士教给我一些教幼儿数学计算的经验和方法，让我受益匪浅。

事实上，我也知道用游戏的方式教女儿学习更有效，但因为我自己对数学不感兴趣，所以教女儿学数学时也想不出更好的办法，使她也觉得枯燥乏味。

听从了洪布鲁克女士的建议，我联系生活实际，努力思索着教女儿学习数学计算的方法。此时，我才明白，其实教女儿学数学的游戏很容易找到，只是我以前没那么用心而已。

比如，我在一个盒子里装了一些蚕豆，我和女儿每人抓一小把，各自数数有多少颗。然后，我们把两个人抓的蚕豆放到一起，再让女儿数一数共多少颗，以此来教她加法。

有一次，我教女儿用手指和脚趾来学习加减法。

我问她："宝贝，你一共有几个手指头？"

她举起手看了一眼，不假思索地说："10个手指头。"

我又问她："10个减去5个呢，还有几个？"

女儿疑惑地看看我，又看了看自己的手指，一时不知道该怎么计算，她对减法还不是很熟练。

我抓起女儿的一只手，问她："你一只手有几个手指头呢？"

她数了一下，说："5个。"

这时，我把她的一只手放到她身后，一只手仍然在前面，我继续问她："你看看，10个手指头减去5个是多少？"

女儿笑了，回答说："5个。"

"10个手指头减去5个手指头，还有5个手指头，对吗？"

女儿点点头。

"这就是10减去5等于5。"

那一天，就这样，我和女儿反复进行了减法运算练习，我们不仅使用了手指，也使用了脚趾。那天，她还学习了几个简单的乘法运算。

>>>>>>>>>>>>>>>>>>>>>>>>>>>>>>>>

教女儿学习加减法、乘除法等算法，我还利用了一些其他游戏。

比如，我们使用豆荚来学习加法和乘法。每个豆荚中都有几粒豆子，有的是两粒，有的是三粒。

我和女儿各抓五六个豆荚，各自数数一共有多少粒豆子，看谁完成任务快。

起初，女儿总喜欢一个豆粒一个豆粒地数，然后得出豆粒总数。我则先数出两粒豆子的豆荚，再数出三粒豆子的豆荚，先用乘法、再用加法将豆粒总数计算出来。

当然，女儿的那种计算方法非常慢，我的方法则快多了，虽然我刻意放慢了速度，但仍比女儿快好多。

进行了多次这样的游戏，每次总是我数得快、计算得快，而女儿每次都输。

看到有些不服气的女儿，我趁机教给她学习乘法运算。

有一次，我找来一根很细的树枝，把它截成了很多约10厘米长的小木棍，想用这些小木棍教女儿学习数学计算。

比如，我取出一些小木棍，把它们分成三根一组，共三组或四组，教女儿用乘法计算出这些木棍一共有多少根。

或者，我取出某个数量的一些木棍，要求女儿将它们分成数量相等的几组，并数一数每组有多少根，借此教她学习除法。

借助这些小木棍，我还教女儿学习了乘法口诀。当然，这花费的时间要长一些。

这样的游戏女儿比较喜欢玩，她也从中学会了加减乘除法，还学会了乘法口诀。

成墨初点拨

数学是抽象的，但对于小孩子来说，不能抽象地教数学。父母需将抽象的数学知识寓于有趣的游戏中，这对孩子才是更恰当的教育方法。

在游戏中学礼仪、塑品质

我们当地有专为儿童设立的儿童剧场，孩子们都喜欢来这里看儿童剧。

有的父母可能觉得表演剧、电影对孩子并没有多大好处，但是我认为，只要选择优秀的剧本和影片，对孩子还是很有好处、很有教育意义的，因为小孩子都喜欢模仿剧中的人物。

我经常会带女儿去儿童剧场看一些优秀的儿童剧或电影，而很多剧中的人物都会给女儿很大的影响。

看完儿童剧或电影回家后，我和女儿有时会模仿剧中的人物、情节进行表演，如果人物角色不够，我们就用玩具来代替，有时会邀请女佣加入。

通过这种方式，女儿学到了很多有用的东西，如一些交际礼仪、做事的态度，培养了她勇敢、诚实等优良品质等。

有一次，我和女儿看完儿童剧《国王和他的女儿》，回来后开始对剧中的情节进行表演。

《国王和他的女儿》主要讲国王有一个聪明的女儿，讲述她如何教训那些阿谀奉承的大臣们。

在我们的表演中，女儿扮演国王的女儿，而我扮演一位很贪婪的宰相。

起初，我们是按照原剧情节来表演的，但后来，女儿的表演就逐渐脱离了原剧内容。此时，我没有纠正女儿的“错误”，而是任由其自由发挥，而我也顺着她的思路去演。

女儿很神气地走上台，她的神情、举止优雅而大方，就像一位真正的公主。

“公主”对我扮演的这个“宰相”说：“你这个狡猾的宰相，我看破了你的花招，你早就有企图争夺王位的野心。哼，别以为你能骗过我的父亲，你也别想骗过我。”

听了“公主”的话，“宰相”立即战战兢兢地说：“公主殿下，你误会我了，我一直对国王忠心耿耿，怎么敢有争夺王位的野心？”

说完这些话，我觉得很好玩，突然笑了起来。

“公主”却严肃地命令我：“不许笑！我们是在谈论国家大事，你这宰相太不严肃了，一点都不注意礼仪，如果你再这样，我就撤你的职。”

我竭力忍住笑，装出很严肃的样子，说：“对不起，公主殿下，我不敢了。”

“作为一个担当重任的大臣，你要自重，言谈举止都要严肃、合乎礼仪，懂吗？”

“公主”严厉地训斥着“宰相”，开始教“宰相”怎样为人处世、怎样有礼节地待人、怎样做事。

此时，女儿说的话已经完全脱离了《国王与他的女儿》的内容，但她仍保持着国王的女儿那样的礼节和神态。

这个剧本的情节我和女儿表演过多次，之后，我发现，女儿每天的言谈举止都很像剧中的公主，优雅、大方、有礼节。我想，这正是她对剧中人物模仿的结果吧。

>>>>>>>>>>>>>>>>>>>>>>>>>>>>>>>>

有一次，我听说了这样一件让人感动的事情。

这件事就发生在我们附近。一位七旬老妇人在外散步，不知是累了还是怎么了，她无力再向前走。

当时，正巧有一对年轻夫妇看到了，急忙把她扶到附近的躺椅上。先生脱下自己的大衣盖到老人身上，女士不断和老人说着话。

原来，老人的老毛病复发了。得知这一情况后，年轻夫妇把老人送到了医院，并通知了老人的家人，夫妻俩直到老人的家人赶来才离去。

对这件事，我和女儿也进行了表演。

我们找来女佣，让她扮演老人的家人，我们用一个大枕头当老人，我和女儿扮演年轻夫妇。

我们饶有兴味地表演了这个故事，女儿表演得尤其投入。

表演结束，我和女儿又根据故事情节讨论了一些做人的道理，比如要爱护老人、善待他人、懂得感激等。

对这样的表演剧，女儿总是能很投入地演出，她也会很容易地从中学会一些有益的做人做事的道理。我相信，这些道理对她的品质培养和以后的幸福生活都是有好处的。

成墨初点拨

教孩子掌握交际礼仪，培养孩子的良好品质，单调的说教几乎起不到多大作用。对此，父母可将这些礼仪品质的内容融入游戏，让孩子在游戏中学会相应的礼仪、塑造良好的品质。

第6章 告诉孩子你真棒

成墨初解读

赏识和批评是家庭教育中不可缺少的两种手段。对于正在成长中的孩子，正确的赏识和批评可以让他明白什么是可以做的，什么是应该避免的，从而使他朝着正确的方向发展。

斯特娜主张，对孩子要多赏识、鼓励，而要少批评。要让孩子看到自己努力的方向，看到自己进步和成长的希望。

多赏识、鼓励孩子，就要求父母多看到孩子的优点长处，多看到孩子的努力和进步，欣赏孩子的优点，多表扬孩子，多鼓励孩子。

斯特娜认为，少批评并非不批评，如果孩子犯错，一定的批评也是必要的。但批评要讲究艺术，要以尊重孩子的能力和成长为前提，以让孩子意识到错误、愿意去改正为目标。

中国父母的一个不足，是批评过度，总以为这样做会让孩子“知耻而后勇”。但其实这常会伤害孩子，教育效果也可能会适得其反。这是需要中国父母们注意避免的。

相信孩子的能力

维尼弗雷特小时候对很多事情都喜欢参与，我觉得这是一种好品质，这种品质可以让孩子得到更快更好的锻炼和成长。

虽然我明白这一点，但有时也不免会在心里轻视女儿的能力，觉得她太小，有些事情还做不好。为此，我曾经伤过她一次，这让我很自责。

有一次，我买来一束鲜花，准备把它插到一个花瓶里。我想先在花瓶底部放上一些五彩石子，这样花瓶和花会显得更好看。

就在我拿来五彩石子准备把它们放到花瓶里时，女儿跑了过来，她说："妈妈，我帮你。"

"不要，你会打碎花瓶。你就在旁边看着妈妈装石子，好不好？"

"我会小心的，我不会打碎花瓶。"女儿坚持要帮我，说完她就抓起几颗小石子狠狠地丢进了花瓶。

那是一个很漂亮、很精致的花瓶，我很喜欢也很爱惜它。在我看来，女儿刚才的动作有些粗鲁，于是，我生气地制止了她："不要，你不要做了。"

女儿有些沮丧地离开了。

看到女儿的样子，我突然意识到了自己的错误，我太爱惜花瓶了，却没有保护女儿的积极性。我不相信女儿能做好这件事，其实她或许能做好，而我的态度和举动打击了她。

于是，我马上把女儿叫了回来，对她说：

"好吧，宝贝，我们一起来做吧！"

女儿转过身来，笑了，她开始抓起一把小石子，准备往花瓶里放。

"你不应该一次拿这么多，要一个一个往里放。也不要太用力，要轻轻地放，这样就不会打坏花瓶了。’我严肃地对女儿说。

女儿的神情又黯淡下来，抓着石子的手停住了，有些不知所措。真该死，我又说错了话！

女儿的表现让我很自责，我其实一直不相信女儿能做好这件事，所以在语言、动作、表情中不由自主地把对她的不信任表露了出来。

而女儿被这种不信任伤害了。

接下来，我费了好大的劲，又是安慰女儿，又是鼓励她，还抓着她的手一起往花瓶里放小石子。可女儿的举动很长时间都放不开，始终有些拘束和压抑。

>>>>>>>>>>>>>>>>>>>>>>>>>>>>>>>>

对这次事件，我一直都很自责，有时我也搞不清是为什么，女儿逐渐长大，我有时却不相信她有能力做好一些事情。或许是她大了，调皮了，我担心她会闯祸吧！

记得女儿还不会走路、不会说话时，我对她信心满满。在每件事情上，我几乎都相信她有超凡的能力，相信她最终都能做好。

在这一点上，我印象最深的是女儿学走路的时候。

那时，女儿才不到1岁，她牵着我的手能走几步。于是，我就想让她练习自己走。

女儿刚松开我的手时，一动也不敢动，只是站在那里看着我。我用眼神鼓励她向前走，并拿一个玩具在前面引诱她，示意她来拿。

女儿看着我，右脚试着抬了两下，但都没迈开步子，似乎有些害怕。

在我的鼓励下，她终于向前迈了一步。可此时，她的身子歪了一下，接着一屁股坐在了地上，她哇哇大哭起来。

我走上前，把女儿扶起来。

一会儿，女儿不哭了，我鼓励她继续走。不一会儿，她的身子又向一旁歪倒了，重重地摔在了地上。

我又一次帮助女儿站起来，鼓励她继续向前走。

就这样反反复复很多次，女儿也摔了很多跤。虽然我也心疼女儿，但我相信她有能力承受摔跤的痛，相信她一定能学会走路。

正是这样的信念，让我对女儿充满信心。好在女儿也是个坚强、不服输的孩子，她一次次摔倒，又一次次站起来，最终学会了走路。

>>>>>>>>>>>>>>>>>>>>>>>>>>>>

孩子刚出生后的几年，面对大千世界，他们常感到束手无策，但他们仍有勇气进行各种尝试和探索，以使自己能融入这个世界。

然而，这时很多父母会无意中给孩子设置障碍，以爱的名义阻止孩子去做我们认为他做不到的事，而不是对他非凡的勇气与努力进行鼓励。

造成这一现象的根本原因在于，父母不相信孩子的能力。很多父母会在潜意识里有某种偏见，认为孩子只有在更大年龄时才会做某些事。

比如，一个已经4岁的孩子想用剪刀剪纸。妈妈看到孩子拿起剪刀，惊恐万分，急忙上前夺下剪刀，说："不要动剪刀，你还小，剪刀会伤到你。"

妈妈的这种做法可以防止孩子被剪刀伤到，但却会对孩子以后使用剪刀留下阴影，使他不敢再使用剪刀，可能很久都学不会使用剪刀。

父母常常不经意间通过语言、语气、表情或动作等，向孩子展示自己是多么有能力，而孩子是多么无能。

比如，父母常常说："我帮你干，你干不了。""你怎么把桌子搞得这么脏？""你怎么把衣服穿反了？真是笨死了。"

这些话只会让孩子慢慢地失去自信，失去探索和尝试的积极性和勇气，使孩子放弃一次次锻炼的机会，其能力当然也难以获得更快的提高。

我爱我的女儿，虽然她曾经那么软弱无力，很多事情也可能做不好。但我会努力做个负责任的妈妈，克制自己想保护女儿的本能欲望。

所以，除了我心态不好时可能会对女儿笨拙的动作有些不耐烦，会自作主张替她把事情做好，更多时候，我相信女儿有能力把事情做好，并给她机会去做。

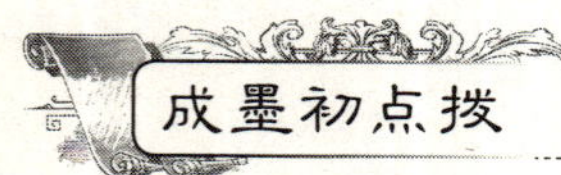

成墨初点拨

孩子有巨大的潜能，也就是说，孩子能够通过学习、努力、实践锻炼来逐步提高自己的各种能力。父母要相信孩子的这种能力，给孩子锻炼和尝试的机会，给他提高能力的机会。

培养孩子的自信

从我的经验来看，对孩子自信心的培养也必须从小进行。这需要父母不要以爱的名义对孩子过度保护，不要什么事情都替孩子做。否则，孩子得不到锻炼，他就更缺乏信心去做事。

教育专家告诫我们："不要为孩子做他自己通过努力可以做到的事情。"父母做得过多，就会剥夺孩子发展自己的机会，也会剥夺孩子建立自信的机会。

由于维尼弗雷特是女孩，我就更担心她会受到伤害，担心她的安全。所以，有时我也曾无意中给她建立一个没有危险的保护圈。

曾经，我以为自己的做法是爱孩子，丝毫没有意识到自己这样做其实是在害孩子。直到有一天，我发现女儿恐惧下水，才意识到这个问题。

有一次，我带女儿到海边去玩。

一开始，我们是在沙滩上追逐打闹。过了一会儿，我带女儿到了浅水边，让她体验海水亲吻小脚丫的感觉。

那一天，海面上很平静，但不时会有小小的浪花扑过来。随着我们往深水里走，水逐渐没过了我们的脚面、脚踝。

这时，面对一次次扑过来的浪花，女儿有些害怕了。我牵着她的手想继续往前走，她却抱住我的腿不肯走，并要求我回到岸上。

女儿一直比较勇敢，可那天我发现，她似乎很害怕下水，这让我感到奇怪。我开始陷入思考，努力地想找到这个问题的答案。

后来，我突然想到，或许是我给她灌输了错误的观念。

记得女儿刚两岁时，有一次，我和她在一条小河边玩。当时，河里有几个十几岁的大孩子在游泳、打水仗。

女儿看到那些孩子在河里游泳，很好奇，也想下水去。真是初生牛犊不怕虎，我还没反应过来，女儿已经不顾一切地快步跑向了水边。

眼见女儿马上就到了水边，正躺在岸上休息的我慌了，立即起身追了上去。

我对着女儿尖叫起来："哎，维尼弗雷特，不能下水！它会淹死你。"

我以百米冲刺的速度追上女儿，一把抓住了她的胳膊，带着夸张的表情和语调对她说："不能下水，水会淹死你！"

或许是我当时太惊慌了，才这么慌不择言、不顾自己的姿态。

女儿见到我，一下子扑进了我的怀里，似乎很恐惧。

我想，或许正是这次经历才让女儿对下水产生了恐惧、没有了自信。

>>>>>>>>>>>>>>>>>>>>>>>>>>>>>>>>>>>>>>

培养孩子的自信，父母除了要给孩子尝试的机会，避免对孩子包办过多以外，在孩子对自己的能力缺乏信心时，也要帮助他看到自己的优势，给他及时的鼓励。

有一次，维尼弗雷特和几个小伙伴比赛投石子。他们在两三米远的地方放了一只被人们扔掉的破竹筐，每个人轮流往竹筐里投石子，看谁投中的多。

几次比赛的结果，女儿都失败了。她很伤心，也有些自卑，觉得自己不如那些小伙伴。

了解了这一情况后，我对女儿说："你投石子没有赢过伙伴，是不是很伤心？"

女儿点了点头，噘着小嘴巴，很委屈的样子。

我笑了，耐心地向女儿解释说：

"和你一起玩投石子的丹尼、汤姆、艾米丽都比你大，他们比你高、比你有力气，当然投中的就多了。你比他们小，个头和力气也比他们小，等你再长大些，你就会投中更多石子。

"再说，宝贝，你很多方面都比他们强啊！你会说很多种语言，可他们只会说英语；你钢琴弹得好，他们很多人都不会弹呢；你会写文章，但他们都写不好。

"你想想，你这么多地方做得比他们好，你应该感到骄傲才对啊！对不对，宝贝？"

听了我的话，女儿甜甜地笑了，她脸上的不快也逐渐消失了。

>>>>>>>>>>>>>>>>>>>>>>>>>>>>>>>>>>>>>>

女儿3岁时，有一次，当地要举办一次儿童朗诵比赛。得知这个消息，我很高兴，希望女儿能参加，锻炼一下。

于是，我问女儿："维尼弗雷特，你愿意参加儿童朗诵比赛吗？我们这里有一个朗诵比赛，你要不要参加？"

女儿犹豫了一下，似乎对比赛的兴趣不大，她淡淡地说："愿意。"

我觉察到了女儿的细微情绪，猜想她可能对这类比赛没有太深的感触。我又多次鼓励她，最终，她同意报名参加。

到了比赛那天，女儿发现现场有很多人，她似乎有点胆怯，轮到她朗诵时，她迟疑着不敢上场。

"维尼弗雷特，该你上场了。"

"我怕。"女儿好像有点紧张。

"怕什么呢？"

"妈妈，我怕我朗诵不好，人们会笑话我。"

女儿大多数时候很自信，这一次，她却不那么自信了。

"宝贝，别怕，不管你朗诵得好不好，不管你能不能得奖，你都是妈妈的好女儿，妈妈都会为你骄傲。其实，你的朗诵很不错的，你的声音很好听，只要你大胆一点，就会朗诵好，妈妈相信你……"

我的鼓励起了作用，女儿稍稍松了一口气，准备上台。

我冲着女儿打出了"V"的手势，并说："加油，妈妈相信你能行！"

女儿逐渐恢复了自信，她勇敢地走上了台，然后看了看台下的观众，开始朗诵起来。

那一次，女儿表现很不错，最终也得到了评委的肯定。

成墨初点拨

自信心是孩子能够做好几乎一切事情的重要心理条件，父母要注意从小培养孩子的自信心，让孩子尝试，给孩子鼓励，在每一件小事上设法让孩子相信自己能够做好。

适时表扬孩子的努力和进步

我的邻居克里亚特夫人曾对我说起过一件事，是有关她9岁的儿子亨特的。

有一天，克里亚特夫人发现儿子把牙刷直接扔在了盥洗室的台子上，就对他说："亨特，你怎么没把牙刷放到牙缸里？我不是跟你说过吗，牙刷用完后要放到牙缸里。"

亨特听到妈妈的话，回答说："我知道了。"但他没有行动，继续玩。

克里亚特夫人有些不悦，命令儿子说："把你的牙刷放到牙缸里，现在，马上！"

亨利有些不情愿地走进盥洗室，漫不经心地把牙刷放到了自己的牙缸里，似乎有些不服气。

"以后要记得，牙刷用完后要放进牙缸里，不要乱扔，知道了吗？"

"知道了。"亨特带着不满的口吻回答说。

第二天，亨特把牙刷放在了牙缸里，但克里亚特夫人并没有说什么。

第三天，亨特又将牙刷扔在了台子上。

克里亚特夫人很生气，批评儿子："亨特，你怎么搞的？怎么老记不住，要把牙刷放进牙缸里，我说过你多少次了，真不让人省心！"

没想到，亨特也生气地对妈妈说："我以为你忘了呢？"

克里亚特夫人有些奇怪地问："什么？我忘了？什么意思？"

亨特回答："我昨天把牙刷放进了牙缸里，你什么都没说啊！"

亨特的回答其实透露了一个信息：他需要的是妈妈能看到他的进步，而不是只看到他的不足，他需要的是表扬，而不是批评和指责。

孩子犯错误时，父母可以给他提出改进意见。但当孩子改正错误后，父母也要肯定孩子的进步，而不是总盯住孩子的不足。这样，孩子就会感觉心情愉快，更愿意继续好的行为。

>>>>>>>>>>>>>>>>>>>>>>>>>>>>>>>>

我有一个同行，他的儿子威利布尔的例子也让我很感慨。威利布尔的父亲对他要求非常严格，虽然威利布尔很优秀、很聪明，学业、做人做事等方面都不错，但他的父亲仍不满足。

这使得威利布尔总是不开心，整天郁郁寡欢。了解到威利布尔的教育情况后，我有些同情他，得知他的状况完全是父亲不当的教育方式所导致的。

威利布尔的父亲是一位很有才能的大学教授，他有很多非常有才华的学生，他常将自己的儿子与这些有才华的学生进行比较。

听说有一次，威利布尔在一次考试中得了3个A等、1个B等。这应该算是比较好的成绩了，威利布尔对自己的成绩也很满意，这是他辛苦努力的回报。

但是，就是这一个B等，让威利布尔的父亲很生气，他训斥儿子：“你怎么这么笨？怎么还得了B等，为什么不都是A？”

威利布尔的高兴劲消失了，他很委屈，又很不安。

父亲说：“我的一个学生才14岁，他已经是个优秀的大学生了，你呢？他在中学时，每次成绩都是A，为什么你就不如人家呢？”

威利布尔为自己辩解说：“我已经很努力了啊，我这次可比上次考试进步了很多呢。”

“进步？可你的成绩为什么不都是A等？”

威利布尔不知如何回答父亲的话，他觉得无论自己怎样努力，也得不到父亲的认可。想到这里，威利布尔不禁伤心起来，他心里充满了对父亲的怨恨。

在威利布尔的生活中，这样的事例还有很多。威利布尔曾说：“我爸爸总看不到我的进步和努力，他看到的总是我的不足和缺点，我觉得活得好累啊！”

我理解威利布尔的苦，父亲的做法让他很丧气，他觉得自己所有的努力都没有价值。这样，他怎么会有快乐可言呢？

孩子很弱小，他们非常渴望得到成人的认可，渴望成人能看到他们的进步、成绩和努力。这样，孩子的内心才会有力量，才会积极地去学习、做事。

因此，孩子付出了努力、取得了进步，父母就要及时表扬孩子，这可以巩固孩子的好行为。

我女儿5岁时，有一段时间，她特别浪费水。洗衣服时，她有时喜欢长久地让水管哗哗地流着水，她喜欢听或看水流四处飞溅的场景。

对此，我很生气，也多次劝告她不要浪费水，但她依旧我行我素，我的话她全当耳旁风。

但有一天，我突然发现女儿有了变化。她洗自己的小袜子时，没像往常那样一直开着水龙头，且只用了很少的水。

我很奇怪，就走过去，对女儿说："维尼弗雷特，你今天做得很棒啊，这么节约用水，妈妈为你高兴。"

女儿抬起头冲着我笑了笑。

"今天怎么这么节约用水呢？"我好奇地问她。

"书上说，要节约用水，不然，世界上的水资源就枯竭了。"女儿很认真地对我说。

原来，女儿看了一本有关水资源的图画书，书中讲到了水的重要性，并讲到了人类对水的浪费将造成未来面临缺水的危险。

听了女儿的讲述，我说："维尼弗雷特，我又发现你的一个优点，你不仅学会了节约用水，还对书上的内容学以致用，真是好样的。"我由衷地说，并拥抱了女儿一下。

女儿开心地笑了。

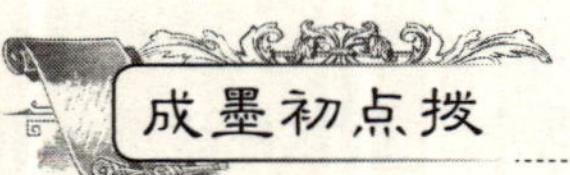

成墨初点拨

对孩子来说，只要努力，只要有了进步，就是成功，这就是孩子的成长。在日常生活中，父母要设法看到孩子的努力和进步，并及时表扬他的努力和进步，这是推动孩子进步的力量。

表扬之后是鼓励

对维尼弗雷特，我常会把表扬和鼓励结合起来。表扬是让她有成就感、心情愉悦，鼓励是让她下一步做得更好。

我认为，这样的做法会让孩子能永远保持上进心。事实证明，我的女儿也正是如此。

女儿3岁多时，有一段时间，她似乎对画画失去了兴趣。对此，我感到有些奇怪，因为她一直对画画有很高的热情。

一次，我和女儿交流了一下，希望可以帮助她重新燃起对绘画的热情。

“维尼弗雷特，我发现你很久都不画画了，是怎么回事？你不喜欢画画了吗？”

女儿迟疑了一会儿，有些沮丧地说：“我……我觉得我画不好。”

那段时间，我因忙于自己的教学和研究，对女儿画画的事也很少关心了。我问她：“哦，是吗？你觉得自己哪幅画画不好？”

女儿拿出一幅画给我看，那是一幅自然风光图，有阳光、白云、蓝天以及花草树木。

我看了看，说：“这不是画得很好吗？你怎么觉得不好呢？”我觉得，对女儿那个年龄的孩子来说，她画得已经不错了。

女儿指着图画中的太阳，对我说：“太阳我总是画不好，画不圆。”

那个太阳的确不是很圆，但我觉得也不是很差，毕竟女儿才是不到4岁的孩子。

女儿跟我解释说：“杰克画太阳就很圆，他还笑话我呢。”

我笑了，对女儿说："这样啊！杰克学画画比你早，当然比你画得好了。你才刚开始学画画，过一段时间，你可能会比他画得好呢。"

此时，女儿似乎放松了些。

我继续说："妈妈觉得你画得已经很好了。你看，这蓝天的颜色很漂亮，这朵花也很漂亮呢。"

女儿脸上的沮丧慢慢消失了。

"你以后多练习画画，一定比现在画得更好。妈妈相信你会做得很棒。"

在我的鼓励下，女儿逐渐增强了对绘画的信心。

>>>>>>>>>>>>>>>>>>>>>>>>>>>>>>>>>

女儿两岁时，有一天，我正在扫地，她主动要求帮我扫。我高兴地把笤帚给了她，我希望可以培养她爱劳动的习惯。

女儿从未扫过地，以前她只不过把笤帚当作玩具。这一次，她很认真地扫地，但笤帚却不听她的使唤，她的动作很笨拙，好几次差点被笤帚绊倒，而且，垃圾根本无法扫起来。

看到女儿的样子，我觉得很好笑，但我没有批评她，而是表扬她说："宝贝，你今天能帮妈妈扫地，妈妈真的很高兴。"

我想，女儿的积极性是值得表扬的，虽然她做事并不到位。

听了我的话，女儿开心地笑了，继续扫地，但扫过的地方依旧像没扫过一样。

我走上前，准备给她示范如何扫地。我亲吻了她一下，并把着她的手按正确的方式扫了几下，说："宝贝很能干，会扫地了。如果这样扫，把垃圾扫到一起，就更好了。"

女儿认真地学着我，将笤帚转了个方向，这样可以更好地把垃圾扫到一起。

我大叫说："哇，宝贝有进步，你已将垃圾扫起来了，如果把这个房间的垃圾都扫到一起就更棒了。"

得到我的表扬和鼓励，女儿干得更起劲了。

此后很长时间，女儿每天都争着帮我扫地，虽然她干得不是很好。当然，每次我都努力发现她做得好的地方并表扬她，同时不忘在她需要改进的地方给她鼓励，以使她做得更好。

成墨初点拨

孩子不仅需要表扬，也需要鼓励，这会让他明确继续努力的方向。孩子有了进步，父母除了表扬他的努力和进步之外，还要给他提出合理的、更高的要求，以鼓励他做得更好。

成就感是孩子努力的动力

给孩子设定适当的目标，让孩子通过努力可以达到，使他做事有成就感，这对孩子而言很重要。成就感是孩子自信的源泉、努力的动力。

在对女儿的教育中，不管做什么事，我都设法让她体验到成就感。

记得有一次，我带着女儿去附近的公园里玩。那时，她刚学会走路不久，走起路来还有些摇晃。

在公园的一角，有一处大约十几级高的台阶。当时，一个3岁多的小男孩正跟随妈妈一步一步地上台阶。维尼弗雷特发现后，也走上前去，学着小哥哥的样子要上台阶。

那时，女儿还没有独自登过台阶，眼前这每级有半英尺高的台阶让她很兴奋。她准备开始往上爬，一副初生牛犊不怕虎的样子。

只见她弯下身子，双手撑在台阶上，整个身子几乎都趴在了地上，开始四肢并用地往上爬。

我看到，女儿几乎用了吃奶的力气，努力地爬台阶，全然不顾周围人的眼光和赞叹。我没有上前去帮助女儿，只是在旁边看着她、保护她，防止她出现意外。

我明白，女儿需要的是在亲自尝试和体验中获得快乐和满足。

开始爬第一级台阶，女儿几次尝试几次失败。费了很大的劲，花了大约半分钟，她才爬了一级台阶。这时，她已浑身是土，满头大汗。对她而言，这一级台阶是个难以跨越的高度。

但我看得出，她的脸上洋溢着自豪，像是独立完成了一件了不起的事情。

我及时对她伸出了大拇指，说："You do very well.（你做得很棒。）"

没来得及喘息，女儿又开始了第二级台阶的攀爬。同样用了很大力气，她攀上了第二级台阶，然后是第三级。每登上一级台阶，她看起来都非常开心。

我蹲在女儿身边，为她的每一次胜利鼓掌、喝彩。虽然女儿最终成了个小泥猴，手上、脸上、身上满是汗液和灰尘，但她兴奋得无以复加。

等上了五六级台阶，女儿似乎累了，就停止了攀爬。我坐在她旁边，把她抱在怀里，不停地亲吻她。

这次攀登台阶极大地鼓舞了女儿，此后，她每见到有一定高度的物品或设施，都要设法攀上去，比如小凳子、矮矮的石墙等。

>>>>>>>>>>>>>>>>>>>>>>>>>>>>>>>>

给女儿设定一个小目标，让她逐步达到，这是我经常用来给她成就感的方法。

女儿10个月大时，为了训练她手指的精细动作，我设计了一个小游戏，要求她向直径只有1厘米的小口瓶子里装豆子。

我抓出一把豆子，先给她做了几次示范，然后对她说："宝贝，来，你这样把豆子放到小瓶子里。"

女儿看见我的举动，觉得很好玩，就开心地模仿我。我给了她一粒豆子，鼓励她装进小瓶子里。

起初，女儿很多次都不能准确地将那粒豆子放进瓶子里，豆子常常会落在瓶外。为了不让她泄气，我悄悄地在一旁推动了一下瓶子底部，使瓶口对准女儿手中的豆子。

当女儿最终将第一粒豆子装进瓶子里时，她拍着手大叫起来，我也跟着叫起来，庆祝她的胜利。

接着，我又给了女儿一粒豆子，鼓励她再次放进瓶子里。女儿依旧很认真地去做，小心地拿着豆子对准瓶口。

由于女儿手的控制能力还不强，她的手总是在瓶口左右晃悠，始终对不准瓶口，有好几次还把瓶子给碰倒了。

我扶起瓶子，鼓励女儿继续尝试。偶尔，我会在她看不到的时候帮她推一下瓶子，使她的手更接近瓶口。

过了一会儿，女儿又成功地将豆子装进了瓶子。这一次，她自己又从我手里抓了两颗豆子，准备继续这个游戏。

这个游戏，女儿前后共玩了半个多小时，每次成功地把豆子装进瓶子后，她就开心地大叫、大笑，接着继续兴致高涨地玩下去。

成墨初点拨

成就感是孩子通过自己的努力达到目标后的心理体验，这是一种非常愉悦的心理体验。无论孩子做什么事情，父母要尽可能地让他体验到成就感，这样孩子才会有动力继续努力。

不打击孩子的积极性

女友玛丽曾跟我说，她5岁的儿子没有自信，很多事情都不敢做。

听了玛丽的讲述后，我判断，玛丽可能常常打击儿子做事的积极性、总看到儿子的不足，所以才导致了儿子缺乏自信。

玛丽向我讲述了她儿子学小提琴的事。学小提琴是儿子主动提出来的，他有一次看到别的小朋友拉小提琴，很好奇，就要求妈妈给他买了小提琴。

玛丽不仅给儿子买了小提琴，还给他请了一名小提琴教师。

玛丽认为，儿子既然学小提琴，就应该好好学。为此，她要求儿子每天都练小提琴，并自始至终陪伴他学习和练习。

一开始，玛丽的儿子学小提琴的兴趣很浓，并非常认真地学。

但玛丽对儿子的要求很高，总是对儿子吹毛求疵，常常指出儿子拉小提琴的不足，希望以此促使他改进。

虽然儿子很努力地学习小提琴，但玛丽总是不满意，她要么觉得儿子姿势不对，要么认为他拉得不流畅，要么埋怨儿子笨拙，要么责怪他不专心。

玛丽的儿子备受打击，他学习小提琴再也没有那么积极了，逐渐地，他丧失了对小提琴的兴趣。最后，他只好放弃了小提琴。

这只是玛丽的儿子生活中的一件小事，在很多事情上，玛丽总是这样挑剔、打击儿子。

当然，玛丽的出发点是好的，她希望儿子做得更好。但她这种做法却是错误的，她打击了儿子做事的积极性，而这正是儿子缺乏自信、做事畏首畏尾的重要原因。

女儿刚学画画不久，有一段时间，她画得总是不像样。见自己怎么都画不好，女儿曾有过放弃绘画的念头。

女儿有一个好朋友叫吉娜，吉娜比女儿大两岁，能歌善舞，画画也很棒。

有一天，吉娜来找维尼弗雷特玩，她们俩在一起玩得很开心，又是唱歌又是跳舞，玩各种玩具。

最后，她们来到维尼弗雷特的房间，准备一起画画。女儿给了吉娜一张纸，自己取了一张，然后她把一盒彩笔放在中间，两人共用。

我走进女儿的房间，好奇地看她们画画。

很快，吉娜熟练地画好了一幅画。她画了一棵树，树上有几只可爱的小鸟，树的旁边还有一座房子。

但是女儿画得却慢多了，吉娜画完的时候，女儿的画还没有成形，只是一些浅红色的、看不出是什么的线条。

吉娜见状，很骄傲的样子，她直言不讳地对维尼弗雷特说："维尼弗雷特，你画的是什么啊？真笨，看我画得多好。"

到底是小孩子，童言无忌，我没有责怪吉娜，只是有些担忧地观察女儿。

女儿遭到吉娜的批评，很不高兴，她看看自己的画，又看看吉娜的画，噘起了嘴巴。

见状，我急忙说："哦，其实你们两个画得都不错，都很有意思。维尼弗雷特，快给我们讲讲，你画的是什么？"

女儿对吉娜说："我在画天上的彩虹，我还没有画完呢。"

没等吉娜插话，我就对女儿说："你在画彩虹啊，等你画完后，我想，那一定很漂亮。"

女儿看着我，犹豫了一下，随后点了点头。

"嗯，维尼弗雷特画得仔细，所以画得慢了些。你们两个都是好样的，都是我喜欢的孩子。"我同时拍了拍两个孩子的头。

我的话使女儿一扫先前的失落，又开始认真地画起来。

在女儿学画的初始阶段，不管她画得多不好，我都尽量不去打击她，不挑她的毛病，而是尽量发现她的进步并鼓励她，以维持她对画画的兴趣和积极性。

成墨初点拨

孩子最初学习做某件事，他的积极性是促进其继续做这件事的动力。无论孩子做什么事，父母要尽量少关注孩子做得好不好，而要注重保持孩子做事的积极性，使他有动力继续做下去。

批评、惩罚以尊重为前提

教育孩子，除了表扬，批评和惩罚也是必要的。孩子犯了错，父母就要适当地采取批评和惩罚的教育手段。

不过，使用批评和惩罚手段要慎重，要讲究方式方法，因为批评惩罚容易伤害孩子。批评和惩罚要以尊重孩子为前提，以让孩子认识到错误并愿意改正错误为目的。

哈里斯夫人有个5岁的儿子叫莱恩，莱恩非常调皮，经常惹祸。有一次，哈里斯夫人对我说："莱恩真愁死我了，他太不听话，我怎么打他都没用。"

我很吃惊哈里斯夫人居然打孩子，就说："你儿子不听话，你就打他？"

哈里斯夫人叹了口气说："是啊，他太淘气了，我真是没办法了。如果不打，他不反了啊！"

经过了解，我才知道，几乎每次莱恩不听话或做错事，妈妈总是先批评他，批评不管用时就动手打他。

但是，哈里斯夫人的打并不能让莱恩表现得更好，反而使他更加不听话、更调皮任性。

哈里斯夫人和儿子的状况让我陷入沉思：为什么莱恩多次被打，不仅没有变好，反而变得更差？

我后来想，或许是妈妈的打更激起了儿子的逆反心理，莱恩的表现是在反抗妈妈的做法，他似乎在以继续犯错的方式来惩罚妈妈。

在我看来，孩子犯错，靠打来惩罚他没有很好的效果。这只会增加孩子内心的愤怒和不满，使其对父母产生怨恨情绪，这不仅会恶化亲子感情，还使得孩子难以改正错误。

>>

维尼弗雷特犯错，我从不用打骂的方式惩罚她。我认为，孩子还小，缺乏生活经验，做事不成熟，难免犯错。

即使孩子犯错，他需要的也不是打骂，而是父母的引导和教育，打骂是一种不尊重孩子的做法。如果父母批评惩罚孩子时能尊重他，孩子一般就愿意接受父母的批评。

有一次，我和丈夫正在谈一件事情，5岁的女儿跑了过来。

女儿对我说："妈妈，给我讲故事吧！"

"宝贝，妈妈正和爸爸谈事情，等妈妈谈完事情再给你讲故事好不好？"

"不，我现在就要听故事。"女儿坚持要我给她讲故事。

此时，丈夫也说："宝贝，等一会儿妈妈给你讲故事。"

女儿不听，开始哭闹，死活要我给她讲故事。

女儿如此任性，我有些烦躁。但我坚决不答应她的要求，我想让她知道，要尊重爸爸妈妈正在做的事情。

于是，我说："维尼弗雷特，你这样无礼，我很生气。你要尊重爸爸妈妈，爸爸妈妈在谈事情，如果你不能保持安静，就请你走出这个房间。"

女儿依旧哭闹。

见状，我拉着她的手，把她领到另一个房间，对她说："如果你不能保持安静，就请你待在这里，等妈妈和爸爸谈完事情，妈妈再给你讲故事。"

女儿见我始终不妥协，就乖乖地站在那里，停止了哭闹。

>>>>>>>>>>>>>>>>>>>>>>>>>>>>

有的孩子会做出一些无理的行为举动，若父母对其提出严厉的批评，孩子可能会变本加厉。对此，很多父母常会觉得抓狂，不知该怎么处理孩子的这类行为。

对孩子的这种表现，我认为，让孩子停一停、让他自己反思是解决问题比较好的办法。

女儿3岁时，有一天，我们事先说好要去安迪叔叔家。

临行前，女儿却为了一件衣服任性地撒泼、哭闹。当时，天气有点凉，很多人都穿上了秋装，而女儿非要穿一件薄裙子。我不知道她为什么非要穿裙子，那件裙子她已好多天没穿了。

我设法让女儿穿厚一点的外套，她发疯似的抗拒我，大喊大叫："我不穿这件，我要穿裙子。"

就这样持续了好几分钟，我耐心地说服女儿，可她就是不肯穿厚的外套。

我耐着性子说："维尼弗雷特，你穿裙子会感冒的，不信你可以到外面去试试看，很冷的。"我希望与她和平地协商，但她却情绪烦躁，一直对我大喊大叫。

"维尼弗雷特，如果你再这样疯狂地喊叫，坚持穿裙子，我们就不能去安迪叔叔家了。"

"我就要穿裙子，我要去安迪叔叔家。"

在我看来，女儿那天的表现确实很任性，她的任性也让我很烦躁，我不清楚那天她为什么会这样。

后来，没有办法，我拉着女儿走向阳台，指着阳台上的小凳子，严肃地说："请你坐在这里五分钟！"

那个小凳子是当女儿任性或犯错屡教不改时，我用来惩罚她、让她自己反思的地方。

女儿发现我生气了，知道我不会让步，只得乖乖地坐在了小凳子上，但她仍然大叫着。

我关上了阳台的门，转身离开。

五分钟还没到，女儿在阳台上大声问："妈妈，我可以出来了吗？"

我没有说话，继续忙自己的事情。

五分钟时间到了，我走过去打开阳台的门，对女儿说："时间到了，你可以出来了。"此时，女儿早已停止了喊叫。

"还想穿裙子吗？"我问她。

女儿知道如果再坚持穿裙子，她就会再次被请到阳台上去。于是，她听话地说："不穿裙子了。"

接下来，我顺利地帮女儿穿上了那件厚外套，一起出门了。

成墨初点拨

孩子犯错，父母适当的批评和惩罚是必要的。但在批评和惩罚孩子的时候要讲究方式方法，要掌握度，不要伤害孩子的自尊心，要以尊重孩子的感受和成长为前提。

第7章

品质培养要把握关键期

良好的品质是做人的根本，对人的行为及其生活、工作、交际等都有很大的影响。

对于孩子，品质培养要趁早。因为品质培养也有关键期，这个时期就是婴幼儿时期。

婴幼儿时期的孩子像海绵，给他灌输什么，他就会接受什么。在品质方面也是如此。所以，父母要让孩子从小就接受良好的品质教育。

斯特娜非常注重对女儿良好品质的培养，而且她强调要从孩子小时候就培养其良好品质，诸如对孩子积极主动、责任心、自律、爱心、诚信等品质的培养，她都是用心去做的。

在我们的家庭教育中，婴幼儿良好品质的培养也是非常重要、不可缺少的教育内容，这会关系到孩子一生的幸福。因此，父母要趁早采取正确科学的措施培养孩子良好的品质。

良好品质需从小培养

如果孩子有品行上的不足，有的父母可能会不以为然，他们会说："孩子还小，等他大了就好了。"

对于孩子品行上的缺陷，真的如这些父母所说，等孩子大了就好了吗？绝不是这样的。

因为，孩子小时候的任何不良的行为表现，若不改正，就会形成固化的习惯，品行的不足将来可能会发展成孩子的不良品质，长大后这些品质就很难改正了。

邻居的儿子汤姆的例子可以很好地说明这个问题。

汤姆今年5岁，是个谁也管不了的"小霸王"。他经常闯祸，甚至做出一些让人很担心的事情，比如把刀子扔到别人身上。

我听汤姆的父母说，有一天晚上，他想吃苹果，但家里已经没有苹果了，汤姆就要妈妈去给他买，可那个时候，很多水果店差不多都已经关门了。

汤姆得知不能吃到苹果，就恼了，抓起一把水果刀狠狠地扔向妈妈。

幸好妈妈躲避及时，水果刀落在了地上，妈妈才没有被伤到，但儿子的举动让妈妈吓出了一身冷汗。

从那以后，汤姆的家人每天都小心翼翼、提心吊胆地对待他。

事实上，我明白，汤姆的这种表现跟父母对他的教育方式有很大关系。因为彼此是邻居，我对汤姆的父母教育孩子的情况还是比较了解的。

汤姆更小的时候，也曾有过伤害父母、不尊重父母的行为，但父母很少对儿子的行为提出批评，因为汤姆容不得别人批评他。父母只有默默忍受儿子的行为，他们经常会一笑了之，他们的想法是"儿子大了就好了"。

比如，如果父母吃了汤姆爱吃的沙拉，汤姆就会生气地打父母。对儿子的这种行为，父母不会批评他，只是谦让他，不再吃沙拉。

汤姆父母这种做法的后果，使儿子成了一个不考虑别人、只求满足自己的自私自利的小家伙。

>>>>>>>>>>>>>>>>>>>>>>>>>>>>>>>>

汤姆的表现让我很有感触，这让我下定决心，在教育女儿维尼弗雷特时，我一定不要犯那样的错误。

事实上，我非常重视培养女儿的各种优良品质，我努力帮助她从小树立正确、健康的道德观念。

有一次，两岁的女儿在院门外玩，我发现她没有经过一个小男孩的允许，拿了他一粒漂亮的纽扣。

遇到这样的事情，有的父母可能会说：“孩子还小，还不懂事，何况她只是偷拿了一粒小纽扣，又不是多贵重的东西，不必放在心上。”

但我却不这样认为，我觉得，发生在孩子身上的任何小事都不能忽略，我认为这正是教育女儿的好机会。

那天，我对女儿说：“维尼弗雷特，这粒纽扣很漂亮，你很喜欢，对吗？”

女儿高兴地点了点头。

“我也很喜欢呢。我问你，你是从哪里弄来的？”我又问她。

女儿转过身，用手指了指不远处的树下，小男孩的书包正放在那边的石头上。

“这粒纽扣是谁的？”

“是那个小哥哥的，我在他的书包里拿来的。”女儿又指了指正在树下玩的小男孩。

“小哥哥知道吗？”

女儿摇了摇头。

“维尼弗雷特，你这样做是不对的，你偷拿了小哥哥的纽扣，小哥哥发现纽扣找不到的话会难过的。如果你心爱的娃娃让别人拿走了，你是不是很难过？”

女儿想了一会儿，点点头。

“那我们是不是应该将纽扣还给小哥哥去？”

女儿低头看了看纽扣，又看了看小哥哥，似乎有些不情愿。

我又耐心地跟女儿讲道理，试图说服她主动将纽扣还给小哥哥。

看到我严肃的表情，女儿像是明白了什么。在我的引导下，她乖乖地将纽扣还给了那个小男孩，还主动跟他道了歉。

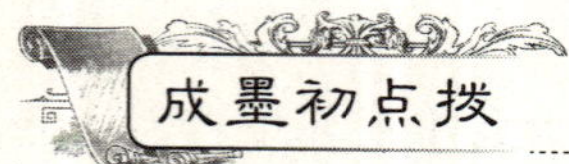

成墨初点拨

孩子的良好品质需要从小就打好基础，这要求父母从一开始就给孩子灌输正确的言行观念，支持孩子正确的言行，发现不良品质的苗头，要及时采取措施帮助孩子改正。

培养孩子积极主动的性格

我希望女儿具有积极主动的性格，能主动争取自己想要的，主动去做自己想做的事情，这样她就会拥有更多成长和锻炼的机会。

为此，从她小时候起，我就注重培养她这样的性格品质。

女儿不到4岁时，有一次，我陪她在附近的公园里玩。

在不远处，我看到有两个八九岁的男孩在争夺一个自制望远镜。

那个望远镜是用三块硬纸壳分别折起来并连接成“Z”字形，同时把两片反射镜装在里面做成的。

当时，高一点的男孩正从望远镜里看远处，他大声说：“哇，我看到远处的教堂了，哈哈，上面那个十字架好清晰，还有山呢，山上绿油油的……”

听了高个男孩的话，矮一点的男孩按捺不住急切的心情，急忙说：“快给我看看，快给我看看。”说着就上前争夺望远镜。

高个男孩舍不得让出望远镜，转身望向另外一个方向。

“该我看了，该我看了。”矮个男孩走上前，一把夺过了望远镜。

就这样，那个望远镜在两个男孩手里转来转去，他们用望远镜把周围的景物儿乎看了个遍。

女儿见两个哥哥对望远镜如此热衷，也充满了好奇，她看看那两个男孩，又看看我，那眼神似乎在对说："我也想看。"

我明白了女儿的心思，就对她说："维尼弗雷特，你是不是也想看看哥哥们的望远镜？"

女儿点了点头。

"那你自己上前去跟哥哥说好不好？你想看，就要自己去争取。"我鼓励女儿说。

在我的鼓励下，女儿大胆地走到两个哥哥身边去，认真地对拿着望远镜的小哥哥说："哥哥，让我看看你的望远镜好吗？"

那个男孩毕竟是大孩子了，他也可能受过良好的教育，见一个可爱的小姑娘要求看他的望远镜，就与高个男孩交换了一下眼神。最后，他爽快地把望远镜递给了维尼弗雷特。

女儿拿着望远镜开心地看向远处，两个哥哥还热情地给她当起了"老师"，教她怎么使用望远镜。

看了好一会儿，女儿才满足，她感激地向两个哥哥道了谢，跑到我这边来。

无论在家在外，无论女儿有什么样的要求，我都会像这次一样，鼓励她自己去表达、去争取，很少代替她去做什么。

>>>>>>>>>>>>>>>>>>>>>>>>>>>>>>>>

小孩子都害怕孤单，希望可以和别的小朋友在一起玩，维尼弗雷特也不例外。

为了让女儿拥有更多朋友，我多次帮她组织集体活动，将周围的孩子们召集在一起，指导他们进行一些有益身心的集体游戏，这个活动基本上每个月举办一次。

那时，女儿很喜欢参加这样的活动，每次都玩得很开心。在这样的活动中，女儿也喜欢帮我做些工作，比如安排别的小朋友做什么事情等。

我发现，女儿很喜欢在这样的活动中表现自己。于是我想到，女儿那么喜欢参加这样的活动，为什么不让她自己去组织呢？

我发现，女儿的组织协调能力很强，我希望她能积极地去组织这样的活动。

但女儿似乎从未想过主动去组织这样的活动，为了激发她的积极主动性，后来有一次，我不再出面组织活动，而是把这个任务交给了一个能力较强的女孩。

女儿要强、喜欢表现自己，我这样做，相信她会有想法，会埋怨我没有把组织活动的权力交给她。

果然，就在那个女孩开始安排其他小朋友表演什么节目、做什么游戏、如何参加活动时，女儿就没什么事可做了，她像被忽略了一样地失落。

后来，女儿得知是我让那个女孩这样做的，就有些生气，对我说："妈妈，你为什么不让我组织这次活动啊？我很想做这件事。"

我平静地说："哦，我以为你不愿意做这件事呢。"

"我愿意做，我愿意做。"女儿不满地向我表示抗议。

趁此机会，我对她说："你既然愿意做，为什么不主动去做呢？你喜欢做，就积极去争取这样的机会啊，不能等着别人给你安排。"

女儿不说话了，依然有些不高兴。

许久，女儿对我说："下次活动我来组织。"

这正是我希望的，于是，我笑着对女儿说："好啊，你能主动一点，妈妈很高兴。"

下一次活动时，女儿果然非常积极，她成功地组织了一次这样的活动。

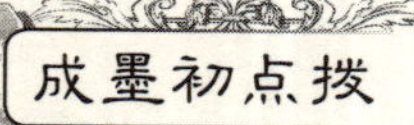

成墨初点拨

在有关孩子的事情上，父母尽量不要太过主动，这样会让孩子变得被动。父母要鼓励孩子，给孩子机会，让孩子主动去做自己的事情，主动去争取属于自己的机会。

激发孩子的责任感

一天早上，我接到学校的紧急通知，要求我马上去参加一个会议。那一天，丈夫在外地出差，而女佣也有事请假了。

这样，就只剩下女儿一个人在家。女儿才八岁，她一个人在家我有些不放心，担心她午饭、晚饭怎么吃。

见我焦急的样子，女儿问我："妈妈，你怎么了？怎么不开心啊？"

"我马上去开会，要到晚上才能回来，只有你一个人在家里，妈妈不放心你。"

"哦，是这样啊！没关系，妈妈，你放心去吧，我会照顾好自己的。"

"但你的午饭、晚饭怎么办呢？你会做饭吗？再说，你自己在家不害怕吗？"我有些担忧地问女儿，毕竟这是第一次长时间让她一个人在家。

"没关系的，我不是胆小鬼，我不害怕。再说，家里有面包、有香肠，还有水果，我会使用火炉，也能热牛奶，我能照顾自己吃好午饭、晚饭。"

虽然女儿信誓旦旦地说能照顾好自己，但我还是有些不放心地问："你真的能照顾好自己吗？"

"哎呀，妈妈，你就放心吧，我一定能照顾好自己的。你说过，这是我自己的责任。"

不管怎样，我还是得去开会，不过心里还是有些不安。

晚上开完会，我急忙往家里奔。回到家后，发现女儿正悠闲地看故事书呢，我这颗悬着的心终于放了下来。

听说，那一天，午饭、晚饭女儿一个人吃得津津有味，她自己在家玩得也很好。

这一次，我深刻地体会到，让孩子锻炼去照顾自己，是培养他责任感的重要手段。

>>>>>>>>>>>>>>>>>>>>>>>>>>>>>>>>>>>>

如果一个孩子非常聪明、优秀，但若缺乏责任感，他仍然不是一个优秀的人，不是健全的人。在家庭教育中，父母应把培养孩子的责任感作为一项重要的任务。

穷人家的孩子常常会更有责任感，他们可能会做些家务事，会照顾弟弟妹妹等，他们理解父母的辛苦，愿意为家里减轻负担，和父母一起承担家庭的责任。

让孩子从小参与家庭事务，为家庭做些力所能及的事情，这会让孩子体会到作为家庭一员的价值，从而增强其责任感。

这样的孩子，随着年龄增大和社会生活的丰富，其责任感会扩展到社会方面，会对班级集体、学校集体以及国家都会有责任感。

可见，培养孩子对家庭的责任感，有助于增强孩子的社会责任感。而有强烈社会责任感的孩子，往往能做出更有价值的事情，更容易取得成就。

为了让女儿具有责任感，从她小时候起，我就有意识地让她为家庭、为我们做些事情。

我会让女儿担任我或女佣的助手，让她帮忙做些力所能及的家务活，比如清洁卫生，做饭时给我们打下手，帮我们倒垃圾、洗碗、照顾生病的家人等。

这些事情可以让女儿意识到她对这个家是有价值的、有用的，这会让她产生主人翁的自豪感和责任感。幸运的是，女儿很喜欢做这些事情，她是个责任感很强的孩子。

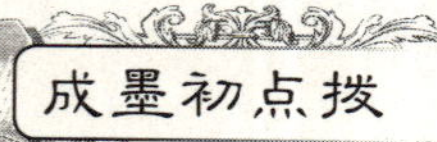

责任感是孩子的一项重要品质，包括对自己的责任、对家庭的责任、对他人的责任、对集体的责任。父母要让孩子承担该承担的角色，做相应的事情，这是培养孩子责任感的有效途径。

克服孩子的任性

孩子任性，这是让很多父母头疼的问题，这常常是因为孩子还不能考虑到别人的需求和感受，不能有效地控制自己的情绪和行为。

维尼弗雷特有时也很任性，但我知道，不能让她任性的毛病发展下去，否则她会成为很自私的人。因而，一发现女儿有任性的苗头，我就设法帮她去克服。

克服女儿的任性，我会与她制定某些约定，通过约定来约束她的行为，让她明白，人不能由着自己的性子来。

有一次，我和女儿说好那天去姑妈家。临走前，她在院门外和小伙伴们玩，该出发了，我去叫她。

“维尼弗雷特，我们该走了。”

大概是还没玩够，女儿又不想去姑妈家了，她说：“我不想去了。”

我想，如果女儿想怎么做就怎么做，那样很容易养成任性的毛病，既然我们事先约好了去姑妈家，就得按约定去做。

于是，我对她说：“我们约好了，你要遵守约定。”其实，我们那天不去姑妈家也没什么，但我不希望女儿如此任性。

见女儿不搭腔，我又说：“你再玩10分钟行吗？我们说好去姑妈家，就不能反悔，人要懂得守规矩，不能由着自己的性子来。”

女儿看着我，有些不情愿。

我又一次说：“你再玩10分钟，10分钟后我再来叫你，好不好？”

女儿无奈地点了点头，又跑去和小伙伴们玩了。

时间到了，我去叫女儿。这一次，她虽然还是不情愿，但看到我毫不妥协的态度，只得乖乖跟我去姑妈家了。

>>>>>>>>>>>>>>>>>>>>>>>>>>>>

有一天，我家里来了几个客人，还有两个比女儿稍小一点的孩子，一个男孩和一个女孩。

一开始，女儿和这两个孩子玩得很开心，但过了一会儿，不知为什么，她冲着我发起了脾气，丝毫不顾忌有客人在场。

我有些纳闷，不知女儿是怎么了，但我想，她一定是有原因的。我拉着女儿离开客厅，蹲下来问她：“维尼弗雷特，你怎么了？是妈妈哪里做得不好吗？”

听我这样问，维尼弗雷特噘着嘴巴说：“妈妈，你只顾照顾客人和弟弟妹妹，却不理我，我很难过。妈妈，你是不是不喜欢我了？”

我笑了，拥抱了一下女儿，对她说：“傻孩子，妈妈怎么不喜欢你呢？你永远都是妈妈的宝贝啊！”

“那你为什么不管我，只管他们？”女儿指指客厅里的客人。

“因为他们是客人啊，我要好好招待他们，不然，他们以后就不愿来我们家了。”我说。

女儿不说话。

我继续说：“热情地招待客人，这是礼貌，你是不是想做个有礼貌的孩子？要不，我们一起去招待客人好不好？你招待小客人，我招待大客人。”

听了我的建议，女儿答应了，跑去和那两个孩子一起玩了。

每次女儿任性、发脾气，我会坚持原则，绝不妥协。她如果继续任性，我就让她坐到阳台的小凳子去反思。

了解了我的做事方式和态度，此后，女儿就很少任性了。

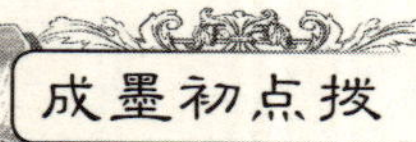

成墨初点拨

孩子任性往往是父母放纵孩子欲望和需求的结果，且常常在婴幼儿时期就埋下了祸根。父母要做的，是在孩子幼时就不让他的任性滋长，教孩子遵守规则，懂得体谅和满足他人。

做个勤劳节俭的好孩子

有一天，我收拾女儿的房间时，发现垃圾桶里有一支画笔。我很奇怪，因为那支画笔是我刚给女儿买了不久的，不可能会用完。

我捡起画笔，找了一张纸，在上面画了两道。果然，画出的线条非常清晰、流畅，没有任何问题。

我拿着画笔，走到正在玩的女儿身边，轻声问她：“维尼弗雷特，你为什么把这支画笔扔掉，它不能用了吗？”

听了我的话，女儿似乎有些不好意思，她知道我是个比较节俭的人，能用的东西是不会轻易扔掉的。

见女儿不说话，我又问她："是怎么回事？"

女儿沉默了一会儿，回答说："我觉得它不好看。"

我苦笑，这支画笔当初可是她自己要求买的，现在却觉得不好看了。

"这支画笔可是你自己选择买的呢，怎么又觉得不好看了呢？再说，它不是还很好用吗？这样扔掉多可惜啊，妈妈可不想你把节约的美德丢掉。"

女儿不好意思地笑了。

我说："真正优秀的画家，用不好看的画笔也能画出好看的图画来，收着吧，用它画出更美丽的图画。"

就这样，我会在生活中的每一件小事中教育女儿要懂得节俭，引导她养成节俭的好习惯。

>>>>>>>>>>>>>>>>>>>>>>>>>>>>>>>>>>>>

除了培养女儿养成节俭的美德，我还注重培养她热爱劳动的品质，希望她能通过自己的劳动获得自己想要的一切，创造自己的幸福生活。

女儿还很小的时候，我就根据她的能力适当给她安排一些她有能力去做的事情。

在女儿刚刚两岁时，我就教她洗自己的小袜子。我给女儿盛上小半盆水，放在她面前，将她的一双袜子扔在盆里。

然后，我招呼女儿说："维尼弗雷特，我们一起来洗你的小袜子，好不好？"

孩子对自己没做过的事情很好奇，也喜欢玩水，维尼弗雷特也不例外。所以，一听到我的话，她就乐颠颠地跑来了。

我抓起她的一只袜子，把另一只递给她，然后给她示范如何洗袜子。

女儿学着我的样子开始洗，她那样子根本就不是在洗袜子，而是双手拿着袜子在水里胡乱地搅动。

不一会儿，女儿的衣服上、脸上、鞋子上、地上，连同我的身上、脸上，都溅得满是水。

当时正是夏天，清凉的水落在身上很凉爽，女儿不停地拿着袜子拍打着盆里的水。她似乎是在玩水，而不是洗袜子。

虽然我一次次地给女儿示范如何洗袜子，并要求她学我的样子洗，但她只是拿着袜子在水里来回搅动。也许，这是她洗袜子的方式吧，我心里这样想。

对于女儿的表现，我没有泄气。因为孩子学习一项劳动不是一蹴而就的，女儿一定会慢慢学会洗袜子，并且能学会其他劳动项目。

不仅教女儿洗袜子，我还会找其他一些劳动项目让女儿尝试去做，设法让她体验到劳动的快乐。

事实上，孩子天生就具有劳动的主动性，总喜欢自己去做事情。比如，维尼弗雷特小时候总跟在我身后，我浇花她也浇花，我洗碗她也洗碗，我扫地她也要扫地。

在这样的情况下，我会根据女儿的年龄，分给她一些简单的事情做，或者与她一起做。

如果我总认为孩子小，就不给她机会去做事，她就体验不到劳动的快乐，也学不会劳动的技能。那么，她长大后就可能仍不会做，当然也难以养成热爱劳动的好习惯。

成墨初点拨

勤劳节俭也是需要从小就培养的，父母要抓住孩子日常生活中的每一件小事，及时引导孩子懂得节俭，热爱劳动。不要因为孩子小，就错失培养孩子这些品质的机会。

滋养孩子的爱心

孩子具有爱心，看似是满足别人，其实具有爱心的孩子自己也会快乐，爱别人可以让孩子体验到自己的价值。爱是相互的，孩子懂得爱别人，反过来也会得到别人的爱。

我非常重视培养女儿的爱心，对此，我首先教她如何爱家人。

维尼弗雷特的祖母是个花甲老人，她非常疼爱孙女。在家里，我时常教育女儿要懂得爱祖母。

一次，我在市场买来几种水果，有香蕉、苹果、梨子等。

女儿喜欢吃香蕉，当她看到黄灿灿的香蕉后，就急忙走上前，把它抱在怀里，还煞有介事地对我、爸爸还有祖母说："我吃香蕉，你们吃苹果和梨子。"

祖母的牙口不好，苹果、梨子都吃不了，得煮软了才能吃。可香蕉没关系，而且，祖母也喜欢吃香蕉。

我对女儿的做法有些不满，就认真地对她说："维尼弗雷特，你知道，祖母牙齿不好，咬不动苹果和梨子，她只咬得动香蕉，你说这怎么办呢？"

女儿看了看手里的香蕉，又看了看祖母。

"维尼弗雷特，祖母平时十分爱你，你是不是也应该爱祖母啊？不然祖母会伤心的。爱祖母就应该把她最喜欢的东西给她吃，你说是不是？"

3岁的女儿想了想，最后，她似乎下了很大的决心，将手里的香蕉递给了祖母，而自己抓起了一个苹果来吃。

看到女儿的改变，我很高兴。

当然，我也会适时引导女儿爱我和她的爸爸，让她懂得我们爱她并不是理所当然的，她也有责任爱这个家的每一个成员。这样，一家人在一起互相关爱，生活会很幸福。

培养女儿的爱心，我常常会如此，在生活中注意抓住一些小细节，教给她如何对待家人，如何表达对家人的爱。

>>>>>>>>>>>>>>>>>>>>>>>>>>>>>>>>

爱的含义是广泛的，培养孩子的爱心不仅要教育他懂得爱家人，还应教育他爱其他人，爱小动物等各种有生命的东西。

有一次，我看到维尼弗雷特和小伙伴吉姆正在"围剿"一只小狗，他们用石

块击打小狗，可怜的小狗吓得胆战心惊。

我发现两个孩子的举动，立即制止了他们，小狗趁机逃走了。

我问他们俩："你们为什么欺负小狗？你看那只小狗多可怜啊！"

吉姆回答说："这只小狗很脏，我不喜欢它。"

那只狗的确很脏，像是在垃圾堆里滚过。

女儿也接茬说："小狗会咬我，所以我要把它打跑，这样它就不会咬我了。"

我说："可是小狗并没有咬你，是你们在欺负它，对不对？"

女儿不再说话。

两个孩子如此伤害一只小狗，我担心这样下去，他们会成为对生命冷漠的人。所以我觉得，应该借机教育一下他们。

于是，我说："这只小狗可能无家可归，没有人给它洗澡，所以它很脏。小狗也是一条生命，你们这么打它，它很可怜，它会很疼的。"

维尼弗雷特和吉姆望着我，都不说话。

"我们都要做有爱心的孩子，对不对？要爱护小动物，小动物都是我们的朋友。比如小狗能帮我们看家，能给盲人带路，还能带给我们很多快乐……"

两个孩子都听着我说。

我转头发现，那只小狗其实并没走远，它在不远处的一棵树下趴下了。我突然想到，这正好可以让两个孩子表达一下对小狗的关爱。

于是，我指着那只小狗问维尼弗雷特和吉姆："我们做些什么事情才是爱护小狗的表现呢？"

维尼弗雷特想了一会儿，说："我去给它拿些吃的吧！"说着，她跑进了家门，去给小狗找吃的。

吉姆见状，也说："我也去给它拿吃的吧！"说完，他也一溜烟跑了。

不一会儿，吉姆拿来一片面包，维尼弗雷特拿来一根火腿，来到了小狗附近，将食物扔到了它面前。

看着两个可爱的孩子，我笑了。

成墨初点拨

人性本善，但孩子的爱心也需要在父母的教育和影响下，不断得到有益的滋养。父母需在日常生活中，结合孩子的生活，教育他孝顺父母、尊敬老人，善待他人，善待小动物。

教育孩子讲诚信

女儿6岁时，有一个周三，我跟她说，周末时带她去参观尼亚加拉大瀑布。女儿听了很高兴，兴奋地等着周末的到来，她早就听说尼亚加拉大瀑布的雄伟，很想去见识一下。

然而遗憾的是，就在我给女儿许下承诺的第二天，我被学校安排周末去参加一个会议。这样一来，带女儿参加尼亚加拉大瀑布的计划要泡汤了。

那天晚上，我对女儿说："维尼弗雷特，我知道你很想去看尼亚加拉大瀑布，可是，周末妈妈要去参加一个会议，怎么办呢？"

女儿的表情告诉我，她很希望去看尼亚加拉大瀑布，但她迟疑着不肯说出自己的想法。

"这个……我也不知道怎么办。"女儿嗫嚅着。

这也让我很为难，缺席会议不好，但对女儿已经做出的承诺怎么办？而且，这个愿望她已经期盼了很久，我真的不忍心扫她的兴。

我有些后悔对女儿许诺太早，内心激烈地斗争着，思考着怎样解决这个矛盾。

从内心里说，我希望自己对女儿能说到做到，这样才能给她做出榜样，培养她诚信的品质，但我又不希望给学校领导留下不好的印象。

想了很久，我终于决定，推掉会议，带女儿去旅行。我认为，对女儿的承诺和她的快乐比工作重要得多，况且那个会议也不是非参加不可。

于是，第二天上班时，我向领导推掉了那次会议，建议他找另外一个同事去参加。

周末，我如约带女儿去参观尼亚加拉大瀑布，那一天，女儿玩得非常开心。

>>>>>>>>>>>>>>>>>>>>>>>>>>>>>>>>

或许，有人会说我太娇惯女儿了，一次郊游去不成，没什么大不了的，跟孩子解释清楚或改个时间再去就是了。

但我不这样认为。除了不想破坏女儿的兴致之外，我觉得，应该给她做出诚信的榜样。父母自己首先要遵守对孩子的承诺，否则就不要轻易跟孩子许诺，而许诺过的就应该设法做到。

我不仅注意给女儿做出诚信的榜样，还会在她的日常生活中，根据她的行为表现，及时给她讲清人要有诚信的道理，要求她诚信待人。

有一次，维尼弗雷特放学回家后对我说，她的同学贝蒂要她周末去教她折纸，而维尼弗雷特当时答应了贝蒂。

可是，到了周末那一天，吃过早餐已经很长时间了，我仍不见维尼弗雷特动身去贝蒂家。

我有些奇怪，问女儿："维尼弗雷特，你不是说和贝蒂约好今天去教她折纸吗？怎么，不去了吗？"

"妈妈，我不想去了，我想在家里玩。"女儿对我说。

"那贝蒂知道吗？"

女儿摇摇头。

我有些生气女儿的做法，心想，这个时候，贝蒂肯定在家里等维尼弗雷特等得很焦急。

我很严肃地对女儿说："你已经答应了人家的事情，怎么能反悔呢？况且，贝蒂还不知道真实情况，她在家里等该多着急啊，说不定会担心你出什么事呢。"

女儿沉默着，表情有些沮丧，似乎后悔答应了贝蒂。

"你答应人家的事情就一定要做到，否则就是不诚信的表现，这样的行为别人都很讨厌。你这样对待贝蒂，贝蒂会很生气，说不定以后她就不愿意做你的朋友了。"

我要求女儿马上动身去贝蒂家，虽然女儿十分不情愿，但还是起身走出了家门。

成墨初点拨

诚信是一个人的基本品质，也是孩子从小就应该培养的。在这方面，父母要给孩子做出诚信的榜样，慎重对孩子的承诺，承诺了就一定要实现，同时也要教育孩子绝不失信于他人。

引导孩子学会分享合作

分享与合作是孩子与人和谐相处一个非常重要的品质，懂得分享与合作的孩子总是受欢迎的，他们会赢得更多朋友。

我也非常注意培养女儿的这一品质，因为我希望她拥有好人缘，能够在人群中生活得快乐。

女儿还不到1岁时，我就利用生活中的一些小事情，教她学会分享。

最初，我让女儿分享食物给家人。比如，她正准备拿香蕉吃，我就要求她：“维尼弗雷特，给妈妈一根香蕉，给爸爸一根，给外婆一根。”

此时，女儿往往很愿意分享，她会乖乖地分别给我、爸爸还有外婆一人一根香蕉，然后自己拿起一根来吃。

我们很享受女儿的分享，这也让她感觉到成就感和快乐。因为她每次分享给别人食物，都会得到肯定和赞扬，这让她感到自己是可爱的。

但女儿到了两三岁时，却变得不再愿意分享，她常常死死护住“我的娃娃”“我的陶罐”等所有“我的”物品。

有一次，女儿在家玩一个塑料娃娃，那是她很喜欢的一个玩具。娃娃被打扮得很漂亮，穿着漂亮的衣服，戴着太阳帽和太阳镜，还穿着红色的小皮靴。

正巧，约好来做客的一个朋友带着她女儿到了我家。那个小女孩看到维尼弗雷特的漂亮娃娃后，也想玩。

但是，维尼弗雷特说什么也不肯让小妹妹玩她的娃娃。

我问女儿："宝贝，这个娃娃是你的，对不对？"

女儿点点头。

"你不想让小妹妹玩，是吗？"

女儿又点点头。

"如果小妹妹想玩，要得到你的同意，对不对？"

女儿又一次点头。

"那你愿意让小妹妹玩你的娃娃吗？"

这一次，女儿摇了摇头。

我知道，女儿正处于"物权意识"敏感期，这个年龄的孩子非常重视"我的"所有东西，不想别人侵犯"我的"东西，也不明白"我的"东西借出去后还会回到自己手中。

见状，朋友就劝说我不要勉强女儿了，但我还是希望借此机会教女儿懂得："我的"东西借出后还会回来，希望借此教女儿合作与分享。

于是，我又对女儿说："宝贝，你可以让小妹妹玩一会儿你的娃娃，她不会把你的娃娃拿走的，你也可以和小妹妹一起玩这个娃娃。"

我没有强行要女儿把娃娃让给小妹妹玩，而是一直在征求她的意见，或者让给小妹妹玩，或者建议她们俩一起玩。

经过好几分钟，女儿终于决定把娃娃让给小妹妹玩一会儿。我猜得出，她心里一定经历了"激烈的思想斗争"。不过，女儿能这样做，我还是很高兴的。

>>>>>>>>>>>>>>>>>>>>>>>>>>>>>>>>

一次，我和4岁的女儿在自家的小花园里栽小树。

我用一把大铁锹，女儿用小铁锹，我们开始一起挖树坑。

挖好了几个树坑，女儿拿了一棵一指粗、一米多高的小树苗，准备埋到树坑里。她把树苗放进树坑里，用手抓着，另一手拿小铁锹准备填土。

但那棵小树苗却歪了，我见状，走过去帮女儿。我帮她扶正了树苗，可她却大声对我说："不要，不要，我自己来。"

我听了，心里觉得很好笑："你自己来？又要扶正树苗，又要填土，你一个小小的人儿肯定不行。"

但我嘴上没说什么，好奇地蹲在一旁看女儿怎样"自己来"。

只见女儿先站起来扶好树苗，然后蹲下来铲土、填土。就这样，那棵小树苗随着她的身子，扶正，歪过来，扶正，再歪过来。

女儿忙得不亦乐乎，我却乐得哈哈大笑。

"你看，小树歪着身子长，她这样多难受啊！如果你整天这样半歪着身子，你会舒服吗？"我一边笑着对女儿说，一边将上半身歪向一边，像要倒下去的样子。

女儿看到我滑稽的样子，笑了。

接着，我和女儿谈了与人合作的道理，并借栽种小树为例，讲了两个人如何合作才能将小树种好。

听我说得有道理，女儿就允许我帮忙。很快，我们合作将那棵小树栽好了。接下来，其余的小树苗也在我们的愉快合作中，被正确地埋进了树坑里。

成墨初点拨

教孩子懂得分享与合作，是提高孩子人际交往能力的重要内容，也是快乐孩子生活的重要部分。父母要在生活中适时引导孩子与人分享美好的事物，与人合作完成某些事情。

第8章 让习惯成为自然

对于孩子而言，家庭教育无非就是培养其好习惯，培养其做事的好习惯、生活的好习惯、学习的好习惯等。

习惯培养不是一蹴而就的，而需要一段较长的时间，经过了从不熟练到熟练，从不自然到自然的过程，习惯会成为人越来越自动化的行为。好习惯、坏习惯的养成都是如此。

这也是孩子小时候养成好习惯容易，改正坏习惯困难的原因。因为，改正坏习惯要打破孩子已经适应和习惯了的行为模式。

斯特娜深知孩子好习惯养成的重要性，因而从一开始她就注意培养女儿的各种好习惯。而且，她设法让女儿在生活中不断重复好的行为，直至女儿的行为成为很自然的习惯。

父母要把培养孩子的好习惯作为一项重要的教育任务，给孩子有更多机会来不断重复那些好的行为，直至形成自然的习惯为止。

教育孩子学会专注

女儿小时候的兴趣很广泛，在学业之外，她还喜欢弹琴、绘画、阅读、做手工等。但是，她并没有因为这些爱好而影响正常的学业。

很多认识维尼弗雷特的人都曾问过我："维尼弗雷特有这么多兴趣爱好，她有足够的时间和精力去学习吗？她怎能把学业搞好呢？"

人们这样的怀疑很正常，因为人的时间和精力是有限的，孩子如果有太多兴趣爱好，常常会占用太多时间、花费很多精力，因而可能会影响学业。

但我认为，只要在保证学业的前提下合理安排时间，协调好学业和爱好的关系，并具有良好的学习、做事习惯，那么，有再多的兴趣爱好，也不会与学业造成冲突。

女儿能妥善处理学业和兴趣爱好之间的关系，我认为，这跟她从小养成的无论做什么都专心致志的习惯有密切关系。

做事专心致志效率就会高，就可以节约大量时间，当然就可以做成更多的事情。

当然，孩子并非天生就懂得做事要专心致志，这需要父母帮助孩子培养这样的习惯。我女儿也是这样，我一直非常重视培养她这种习惯和品质。

女儿小时候，有一次，我发现她在房间里有些心不在焉，一会儿看看图画书，一会儿弹几下琴，一会儿摆弄一下玩具，一会儿又跑到窗前看看窗外……

最后，我看到她有些生气地使劲乱弹钢琴，声音很不和谐。

这种声音似乎表达了女儿内心的烦躁，我想，她是不是遇到了什么困难？于是，我就走过去问她："维尼弗雷特，你怎么了？"

女儿有些气恼地回答："我很烦，那么多事情要做，我总觉得做不完。"

"哦，是吗？"

"是啊，我又要画画，又要看书，又要弹钢琴，我还想玩。这么多事情，我都不知道干什么好了。"

我明白了女儿的烦躁，她想做很多事情，每件事情都想做好，做某件事的时候却无法用心一处，结果导致什么事都做不好。

想到这里，我对女儿说："好，妈妈理解你了。来，我们看看一件事一件事地去做，会不会更好？"

我拉着女儿来到书桌旁，把她的故事书、玩具、数学等课本放到一边，拿出画笔画纸，对她说："我们先专心画画，其他的事情不要想……"

在我的陪伴和引导下，女儿开始专心地画画。投入了画画中，女儿很快就忘记了刚才的不快。

画完画，我又和她一起去弹琴，我们一边弹琴一边尽情地唱歌，配合很默契，玩得也很开心。我们弹唱了很长时间，女儿才尽兴。

就这样，那个上午，我陪伴女儿做完了一件又一件事，做每件事，我都设法引导她专心于眼前所做的事情上，让她全身心地投入于每件事情中。自然，这段时间，她过得充实而快乐。

>>>>>>>>>>>>>>>>>>>>>>>>>>>>>>>>

我教育女儿做事、学习都要合理地安排时间，将每天要做的事情都事先安排好、做个计划，然后遵照计划来做事、学习。

而且，我要求她，在做一件事情时就只想着这件事，而不能想其他的事情。比如，看书时，就不要想弹钢琴、绘画，弹琴时不能想着玩或读书。

按照我的要求，女儿无论做事还是学习功课都会集中注意力，做事情也非常用心。

慢慢地，女儿逐渐养成了专心致志地做事和学习的习惯。不管她做什么，即使有干扰，也很少会影响到她。

女儿这种良好的习惯让很多父母都很羡慕，他们都说维尼弗雷特是个用心、踏实、专注的孩子。

在女儿5岁生日那天，我为她安排了生日晚会，请来一些客人，也请来她的儿个小伙伴。

晚会开始前，我在客厅里陪着先到的客人聊天，客厅里很热闹，大家都有说有笑。此时，没有见到维尼弗雷特，客人都很奇怪，就问："今天的小寿星呢？"

我笑着回答说："哦，她在房间里读书呢？"

当时，女儿确实在房间里读书。为了不让客人久等，我就去叫她。

进了女儿的房间，我对她说："维尼弗雷特，很多客人都到了，出来吧！"

"妈妈，晚会还没开始呢，还有20多分钟呢，我得先把书读完。"说着，她又埋头读书。

我无奈地苦笑，"客人都在外面等你呢。"

"我现在先专心看书，等时间到了我就出去。妈妈，你陪客人吧，你告诉过我读书要专心。"女儿回答我。

虽然女儿似乎有些怠慢客人，但她专心致志的习惯却是让我感到很欣慰的。

成墨初点拨

专注是提高做事和学习效率非常重要的条件，父母要从小培养孩子做事专注的习惯。具体做法是，引导孩子同一时间内只做一件事，使其全身心地投入其中，避免因此外的事物分心。

做事情要力求完美

不管做什么事，要求自己做到尽善尽美，这样才能取得成功。为了让女儿有所成就，从她很小的时候起我就教育她做事要力求完美、精益求精，并引导她也这样要求自己。

曾有一段时间，女儿做事或学习常常会敷衍了事，满足于“差不多就行”。但我希望女儿做事要做到尽善尽美，而后来的一件事也让她自己意识到做事力求完美的重要性。

当时，女儿9岁，有一天，她又在用积木搭建房子，我到她房间时，她已经搭了好几层。

看到女儿建的房子，我赞叹道：“哇，好高的房子啊！”

女儿自豪地介绍说：“妈妈，我在一本书上看到过罗马大教堂的图片，就想把它搭出来，搭得漂漂亮亮的。”

我好奇女儿会怎样用这些小小的积木搭出罗马大教堂，就蹲在旁边观看。

这时，我发现了一个问题。在女儿搭建的教堂后部正中的位置，最下面的积木底下是一块卷起的布。

我想，大概女儿最初搭的时候没有注意到它。虽然只是一块布，但它会让教堂的底部不平，如果教堂搭得很高，这块布可能就会影响它的稳固性，甚至会让教堂倒塌。

于是，我对女儿说：“维尼弗雷特，我觉得，你的教堂搭完后一定很漂亮，不过我发现了一个问题，这个问题会影响你搭的教堂。”

“什么问题？”

我指着那块布说：“你看这块布，它会使得教堂不平。这个地方很关键，底部一定要平，不然就可能使教堂倒塌。”

可是女儿却满不在乎，她说：“没那么严重吧？”

“一座建筑的地基很重要，地基一定要稳固，否则上面的建筑就很危险。我认为，你最好把它拆掉重新搭，不然它最后可能会倒掉。”

“我已经搭了这么高了，拆掉的话太花时间了，就这么凑合着搭吧！”

女儿这么说，我没再要求她。不过，我还是觉得，虽然只是个游戏，我希望她也能认真去做，从中培养做事的良好品质。

我最终没有再干涉女儿，就让她按照自己的想法去做吧，于是，我走出她的房间。

不一会儿，我听到女儿的房间里传来哗啦一声响。

我急忙走进女儿的房间，问：“怎么了？”

此时我发现，积木全都散落到了地上，女儿搭建的教堂倒了，她在一旁手足无措地呆立着。

“妈妈，它果然倒了，我已经快搭完了，可是它倒了。呜呜呜，我好难过啊。”女儿假装哭泣。

女儿搭建这座教堂花了很多时间、精力，看着自己的“作品”顷刻间损毁，她好不懊恼。

我意识到，这正是教育女儿做事要力求完美的时机。我知道她很伤心，于是，我拥抱了她，希望能安慰她。

等女儿的情绪稍好一些，我说：“现在你知道了吧，做事情但凡有一点儿马虎，到最后也可能会前功尽弃。所以，做事一定要力求完美。”

女儿点了点头，我继续说：“咱吸取教训，再搭一个就好了，有了这次教训，或许能做得更好呢。”

女儿是个不肯服输的人，这一次，她决心用心地再搭一次。

她将散乱的积木整理了一下，再仔细地检查了一下地面，以确保没有一点障碍物，重新开始搭教堂。这次，她每往上放一块积木，都十分小心，生怕放歪了、放偏了。

很久，女儿终于完整而完美地搭好了她想象中的罗马大教堂，我看到她的“作品”，不由得赞叹。

女儿很认真地说：“妈妈，我终于明白，做事一定要力求完美，不能有一点点的疏忽、错误，这样才可以成功。”

看到女儿“大彻大悟”的样子，我笑了。

成墨初点拨

对于孩子而言，力求完美虽然不能作为评价孩子行为结果的唯一标准，但应是父母要求孩子培养的一种做事态度和精神，父母要鼓励孩子做事和学习时严格要求自己，力求做到最好。

培养孩子的认真和踏实

父母总喜欢不停地催促孩子，以让孩子适应成人的节奏和习惯，如父母常说："快点吃饭，吃完饭快去上学。""快点走，别这么磨磨蹭蹭的。""快点写作业，写完作业还要练琴。"

我觉得，父母总这么催促孩子是错误的，孩子有自己的做事节奏，总催促他就容易让他焦虑，使其不能踏实、专心地做事，并担心做不好。

无论女儿正在做什么，我很少催促她，而允许她按自己的节奏和速度去做。有时，她做事会急躁，不能认真踏实地去做，我就设法让她平静下来，引导她踏实地去做。

一个周末，我们打算去我姐姐家。女儿听说后非常开心，因为她很喜欢去姨妈家，喜欢和姨妈家的小弟弟玩。

出发前，女儿还没有完成她的功课。我要求她先完成功课，再去姨妈家。

可我发现，那一天，女儿做功课时总是焦虑不安。她一边写作业，一边不停地看表，不能踏踏实实地做功课。

我猜，估计她是太急于要去姨妈家，有些心不在焉了。我想，这种状态做功课，效率是很低的。

那天，女儿要做的功课并不多，但她却花了很长时间还没有做完，我看到她似乎是越忙越乱。

我走过去，对女儿说："维尼弗雷特，你是不是着急去姨妈家，担心做不完功课？"

女儿诚实地回答说："是的，妈妈，我想快一点做完功课，可为什么我总是做错呢？急死我了。"看起来，女儿有些烦躁。

"因为你心里一直想着早一点去姨妈家，所以不能踏实地写作业，做功课的效率就低，还总犯错。”我直接指出了女儿问题的“症结”。

“那怎么办呢？”女儿有些不好意思地说。

“你先踏踏实实地写作业，不要着急，越急越做不好，做得还慢。妈妈不会催你，妈妈也有些事情没做完呢。晚一会儿去姨妈家也没关系，我们可以在姨妈家住下。”

听了我的话，女儿舒了一口气，稍稍平静下来，开始认真踏实地做功课。

>>>>>>>>>>>>>>>>>>>>>>>>>>>>

女儿爱好广泛、喜欢做的事情很多，如果做事不踏实，恐怕她什么事情都做不好。所以，我非常重视培养她做事认真踏实的好习惯。为此，我首先教她学会合理安排自己的学习计划。

有一次，女儿在房间里来回踱步，看上去烦躁不安。

我问她：“怎么了，维尼弗雷特？”

“哎，我的脑袋都要炸了，今天我有这么多东西要学，数学、语言、历史、生物……这么多书要读，我都不知道从哪里下手了。”

“哦，你是觉得时间和精力不够用？”

“嗯，我总觉得自己的时间和精力太少了，总怕这些科目学不完，不能安下心来学习。可是我越着急越学不进去，越学不进去越着急，怎么办啊？”

“可是，你以前的时候，不是每天也学很多科目吗？以前不是学得很好吗？”

“我也不知道为什么，这段时间就是觉得不能踏实地学习，脑子里常常一团乱麻。”

这时，我发现女儿的书桌上摆着数学、语言、历史、生物等课本，显得有些混乱。

我似乎明白了什么，女儿之前都是按制订好的学习计划有计划地学习，可那天她却是眉毛胡子一把抓，所以脑子就乱了，学哪个科目也不能认真踏实地学。

想到这里，我对女儿说：“我觉得，你这段时间不能静心学习，是因为你没有按计划学习，结果把很多科目的学习搅到了一起，就会越来越乱，越乱，你就越不能踏实静心地学习。”

女儿没有说话，她思考着。

“你把每天要学的科目分布在不同的时间段，制订一个学习计划，每段时间只学一门科目，按照计划一门课一门课地去学，就不会学着这科想着那科了，就能高效地利用时间。”

听了我的话，女儿似乎明白了，她想了想，对我说：“对呀，妈妈，我觉得确实是这么回事，我确实学着这科想着别的科目，这样就总是不能认真踏实地去学。”

我笑了笑。

“妈妈，我懂了，我现在就制订一个学习计划，开始按计划学习。”说完，她坐到了书桌前，简单收拾了一下，开始制订学习计划。

据女儿自己说，那天，按照计划进行学习后，她能够认真踏实地学习每一门课，而不再学这科想着那科，学习效率也高多了，她也觉得很充实。

成墨初点拨

孩子做事认真踏实，才有可能真正用心在正做的事情上。从小培养孩子认真踏实的习惯是父母的任务之一，父母要以平和的心态，以自己树立一个认真踏实的榜样，影响和教育孩子。

养成独立思考的习惯

独立思考能力对一个人的成功非常重要，要让孩子成为优秀的人才，父母就要从小培养他独立思考的习惯。

教育女儿时，我很重视培养女儿独立思考的习惯，我总会尽量让她自己解决遇到的难题。

女儿不到两岁时，有一次，她想吃点心。点心放在餐桌上，她个子小，够不着点心。这次，我没直接把点心拿给她，而是鼓励她自己想办法拿到点心。

女儿想了一会儿，发现不远处有个小凳子，就把小凳子搬过来放到餐桌旁。

站到凳子上，女儿却发现自己的胳膊太短，仍够不到点心盘。我装作漫不经心的样子，将一根玩具塑料棒放在了桌上，并对女儿说："你想想看，有什么办法才能够到点心呢？"

女儿起初没有注意到塑料棒，她只是盯着眼前的点心盘，使劲伸着胳膊去够。有一刻，因为太用力，她甚至差一点将凳子踢翻。

此时，她索性趴在了餐桌上，可因为身体无法向前移动，依然够不到点心。

"维尼弗雷特，你想想看，你站在凳子上，有没有工具可以帮你够到点心盘呢？"我提示女儿。

听了我的话，女儿重新站在了凳子上。然后，她环顾了一下餐桌桌面，这时，她发现了塑料棒。

女儿挠了挠头皮，思考了一会儿，用右手抓起了塑料棒，开始用力地拨拉点心盘。

最初，她用的力角度不对，点心盘只向左平移了一小段距离。这时，她把塑料棒斜着直插到了点心盘里去，用力往自己这边拉。

还好，点心盘被拉近了一点，又拉近了一点。终于，女儿可以用手拿到点心了，她开心地笑了，抓起一块点心吃起来。

我将女儿从凳子上抱下来，亲了亲她的额头，说："宝贝真能干。"

>>>>>>>>>>>>>>>>>>>>>>>>>>>>>>>>

在生活中，女儿每次遇到难题，我都不会轻易帮她解决，而是鼓励她自己思考，自己想办法解决。同样，在学习上，我也不会轻易帮助她解决难题。

在我看来，对孩子的智力发展而言，独立思考、独立解决问题的过程才是最有意义的，至于当时能否把题目做对就是次要的了。

有一天，我正在写论文，这时，丈夫对我说："亲爱的，女儿怎么学了这么久都不出来休息一下？"

我看看表，女儿确实学了很长时间，我也有些奇怪，就到女儿的房间去看个究竟。

“维尼弗雷特，你该休息了。”我说。

“不，妈妈，我在解一道数学题，这道题很难，我要把它解出来。”

原来女儿遇到了难题，好强、不服输的她一定要解出来才肯罢休。

丈夫也跟了进来，他听了女儿的话，说：“维尼弗雷特，你已经学了很长时间了，休息一下吧！如果题目太难，爸爸帮你，不然你的大脑就太累了。”

丈夫主动提出帮助女儿解决难题，我用眼神制止了他，我理解，他是心疼女儿太辛苦。一直以来，我都希望女儿自己解决难题，我觉得，只有她自己实在没有办法解决、主动要求我们帮助时，我们才会帮助她。

想到这里，我对女儿说：“维尼弗雷特，爸爸是怕你太辛苦，所以提出帮你。但我觉得，你应该先自己想办法解决这道难题，你用心思考一下，我相信你靠自己的能力可以解决它。”

女儿同意我的建议，丈夫只得耸耸肩，悄悄地走出了房间。

我向女儿提议：“维尼弗雷特，你先休息一会儿，等一会儿再来解这道题，到时候说不定就能做出来了。”

女儿听话地跑出去玩了。

一会儿，她又回到书房，继续刚才那道难题，最终，她独立把那道题目给解出来了。

就是这样，女儿在遇到难题时，我总会鼓励她设法自己去解决，以培养她独立思考、独立解决问题的能力。

成墨初点拨

孩子能否真正独立，很大程度上在于他是否具有独立思考的习惯和能力。为了让孩子能把握好自己的人生，父母要从小培养他独立思考的习惯，避免过多地代替他解决难题。

鼓励孩子勇敢面对挑战

一次，我、维尼弗雷特和哈里森太太及她的儿子大卫去我姐姐家的别墅度假。

哈里森太太的丈夫已去世，她一个人带着儿子生活。因为儿子缺少父爱，哈里森太太就倍加疼爱他。

如今，大卫已经5岁，可他非常胆小，很多事情都不敢一个人去做。对此，哈里森太太也非常苦恼。

我想，这主要是哈里森太太对儿子照顾得太多了，她总是越俎代庖地帮儿子解决一切困难，而这也让儿子从小缺少锻炼自己胆量的机会。

在这次度假中，我和哈里森太太就这一问题做了交流，她决定听从我的建议，改变自己对儿子的教养态度。

一天晚上，我们几个成年人坐在花园里聊天、喝茶，孩子们玩了一天都累了，维尼弗雷特和姐姐的孩子都去睡了，只有大卫还留在妈妈身边不肯去睡觉。

大卫大概是困了，不时对妈妈说："妈妈，你陪我去睡觉。"

听哈里森太太说，儿子大卫直到如今，每天都是和她一起睡，大卫从来不敢一个人睡。

要是在以前，哈里森太太可能会满足儿子的要求，陪他去睡觉。但这一次，我建议她不要这样做，于是她对儿子说："妈妈还要和阿姨说会儿话，你自己去睡吧！"

大卫不干，说："我不要一个人睡，我怕。"

"大卫不害怕，维尼弗雷特姐姐都是一个人睡觉，大卫也可以一个人睡觉。"

“不，不。”

“大卫，你已经是大孩子了，是男子汉了，男子汉要勇敢，以后你就要一个人睡觉。”哈里森太太对儿子说。

见妈妈不答应自己，大卫开始哭闹，甚至躺在地上打起滚来。

哈里森太太没有理会儿子，继续跟我们谈话。

我姐姐走过去哄大卫，要送他去房间里睡觉。

大卫哭闹了一会儿，可能实在是太困了，就随着我姐姐去房间里睡觉了。

孩子的成长总会遇到困难和挫折，父母要鼓励孩子勇敢地面对挑战，培养孩子勇敢的品质。父母绝不要轻易代替孩子解决困难，不要过度保护孩子，否则孩子难以独立。

>>>>>>>>>>>>>>>>>>>>>>>>>>>>>>>>

我在教育女儿的过程中，也尽量让她独立去面对自己遇到的困难和挫折，独立面对挑战。虽然维尼弗雷特是女孩子，但我也希望她勇敢、坚强。

有一次，我带女儿去爬山，那时，她6岁。

对于一个小孩子来说，那座山有些崎岖、陡峭，山路是由不平整的石头铺就的。

带女儿去爬山，我是想锻炼她独立战胜困难的勇气，培养她的顽强意志。

刚开始往上爬，女儿热情高涨，一路走在我的前面，她还不时高兴地唱起歌。有时候，她会偶尔停下来，快活地摘下路旁树上、花丛里的一些野果或者小花。

不一会儿，我们到了一处相对比较陡峭的地方，这里有石阶，大概有五六十级的高度，而且台阶也很高、很陡。

如果是在其他地方，五六十级台阶对6岁的女儿来说就是小菜一碟。但面对眼前这又高又陡的台阶，她开始胆怯了，甚至想放弃。

大概也是累了，女儿停住不走了。

不过，我觉得，通过努力，女儿是可以登上这些台阶的，她能够克服眼前的

困难。我不希望她生活在没有困难、没有挑战的环境中，因为那样，她不会获得成长。

于是，我鼓励女儿说："加油！维尼弗雷特，我相信你能克服现在的困难，能自己登上这些石阶。我们一起努力，十级台阶一个目标，我们一个目标一个目标地克服，好不好？"

我退后几步，与女儿站在了同一个位置，我攥起拳头，用眼神、语言和手势鼓励她。

女儿抬头望了望台阶的最高处，又低下头看看近处，点了点头。

接下来，我和女儿开始向着目标前进了。我们一步一步地向上爬，我一边数台阶，一边鼓励女儿，给她加油。

十个台阶，又十个台阶，又是十个台阶……每走上十个台阶，我们就会停下来休息一小会儿，说说话或者望望远处。

最终，我们一起到达了台阶最顶部的那片开阔地，这时，女儿自豪地大喊起来："我胜利了。"

成墨初点拨

孩子能否面对困难和挑战，是他的心理是否成长的一个重要标志。爱孩子，就要给孩子机会，让他学会独自去面对挑战，而不要为孩子创造无障碍的生活环境。

训练孩子的毅力和恒心

孩子克服困难需要毅力和恒心，也就需要足够的耐心。而要培养孩子的耐心，父母要从小教育孩子学会等待。

孩子小的时候，如果有什么需要，他常常会迫不及待地想获得满足，如果不能马上得到满足，他会以啼哭、发脾气等方式来表达自己的不满。

有的父母心疼孩子，一见到孩子哭或发脾气，就立即满足孩子的需求。但我认为，这时候正是培养孩子耐心等待的好时机。

有一天，我正在厨房里烤面包。3岁的女儿大概是闻到了面包的香味，跑过来对我说："妈妈，我要吃面包。"

"面包还没烤好呢，你再等一会儿好不好？"

"不，我现在就要吃面包。"

"可是面包还没有烤好呢，现在还不能吃。"

"不，我就要吃面包。"女儿开始撒娇，她有些等不及了。

"再等一会儿，面包烤好了才能吃。"

女儿依然吵吵嚷嚷着要吃面包，她的鼓噪声让我有些烦躁。于是，我拉着她走出了厨房，不再理会她，转而继续去厨房里忙。

很快，女儿又跑到厨房里来，对我说："妈妈，我要吃面包。"

我耐心地对女儿说："面包马上就烤好了，维尼弗雷特很坚强，能够忍住美味的诱惑，再等一等好不好？"

此时，女儿不再吵闹，安静地等着。

面包终于烤好了，我从烤箱里拿出面包，有些烫，依然不能给女儿吃。

这个时间，我对女儿说："宝贝，我知道你很想吃面包，妈妈也很想吃呢。但是面包没有好的时候，我们都不能吃，所以要等，等面包好了、不烫了，我们就能吃了。"

为了转移女儿对美食的注意力，我给她讲起了故事。

故事讲完了，面包也差不多凉了，我递给女儿一个面包，她开心地吃了起来。

小时候能等待的孩子，会培养出有耐心的好品质，他长大后做事就会有毅力、有恒心，能克服更大、更多的困难，这也是我教育女儿要学会等待的目的。

>>>>>>>>>>>>>>>>>>>>>>>>>>>>>>>>

孩子在做事时可能会遇到一些困难，此时是培养孩子的坚持、培养孩子的毅力和恒心的好时机。

很多人在面对困难时，常常会焦虑不安、失望，甚至会失去继续做事的信心。有时，孩子也会这样，此时，培养孩子的毅力和恒心，让孩子不断去战胜困难就很重要了。

维尼弗雷特的钢琴学得不错，有人可能认为，她学钢琴一直都那么用心、努力，且充满兴趣和热情。

但事实并不是这样。

女儿在整个学钢琴的过程中，也不时会遇到一些困难，好多次，她甚至没有信心再学下去，想要放弃学钢琴，尤其是在学那些枯燥的乐理时。

在女儿学钢琴不到半年后，有一段时间，她常常不能准确地把握音阶。这让她很灰心，对学钢琴也没有那么大的信心和兴趣了，有很多天，她甚至拒绝练琴。

学钢琴两年后的一段时间，女儿又遇到了困难，这几乎使她要放弃继续学琴。

那一天，我在书房里听到，女儿弹钢琴不再是往常那种优美的曲调，而是杂乱、不和谐、让人感觉不舒服的噪音。

我有些奇怪，就走出书房去看个究竟。

当时，我看到了女儿烦躁的表情，她似乎遇到了什么困难。我问她："维尼弗雷特，你怎么了？"

女儿离开了琴凳，焦虑不安地说："我不想弹钢琴了，我总是弹不好，太难了。"显然，刚才钢琴发出的噪音是女儿在发泄怒气。

她遇到了困难，似乎没有信心再继续学钢琴。

为了鼓励女儿，我给她讲起了莫扎特的故事，莫扎特是女儿很崇拜的一个音乐大师。

我说："大音乐家莫扎特小时候学钢琴时，有一段时间，他曾经也像你一样，怎么也弹不好，他当时也很苦恼……"

听我这样说，女儿怀疑地看着我说："莫扎特是音乐大师啊，他怎么会弹不好呢？"

"音乐大师也不是一开始就弹得很好啊，他也是靠坚持不懈的练习才成为大师的。莫扎特刚开始学音乐时，连基本的音阶都弹不好呢。”

“真的是这样吗？我以为他一开始就弹得很好呢。”

“是啊，音乐天才也要靠勤学苦练才能成为大师，莫扎特之所以能成为音乐大师，就是因为他每次遇到困难都不放弃，都会坚持学下去、练下去。

“你现在已经弹得很不错了，毕竟你才学了两年嘛，如果你也能像他那样，遇到困难不灰心、不放弃，持之以恒地练习，肯定会越弹越好。”

听了我的话，女儿似乎又充满了信心，她向我保证，一定要克服困难，继续用心学习钢琴、练习钢琴。

成墨初点拨

没有一种成功是一蹴而就的，孩子成功同样需要恒心和毅力。父母要在生活中适当训练孩子的恒心和毅力，为此，父母不要主动去替孩子解决一切问题，而应鼓励孩子在困难面前坚持下去。

第9章 给孩子自由的天空

斯特娜很爱自己的女儿，对她也有很高的期望。但斯特娜最重视的，是让女儿做快乐的自己，而不仅仅是教育她成为父母眼中所谓的优秀孩子。

所以，斯特娜给予女儿足够的自由，让她自然地成长和发展，而不是自作主张地为她设计成长的路。

的确，孩子不是代替父母或是为父母生活，孩子的成长和发展不是为了满足父母，而是为了他自己。

父母爱孩子，就不要按自己美好的愿望把孩子的成长限定在自己认为完美的框框中，不要把自己所谓正确的观念和标准强加给孩子。

爱孩子，就要让孩子做他自己，让他按照自己的意愿去成长。真正爱孩子的父母们，请给孩子正确的爱，给他自由成长的天空。

不压抑孩子的兴趣和天性

女儿在1岁前，总喜欢咬各种东西，不管抓到什么物品，总会放到嘴里不停地咬。

我知道，女儿不是要吃这些东西，这是精神分析心理学家弗洛伊德所说的儿童口欲期的表现，女儿是在用口来认识和体验周围的事物。

弗洛伊德说，口是婴儿生活的中心和兴趣的中心，吃奶、咬物、哭叫等行为，都是婴儿表达自己和认识世界的手段。

对于维尼弗雷特咬物这样的举动，我的母亲或女佣时常会制止她，她们觉得维尼弗雷特这样“吃这吃那的”不卫生。

但是我知道，女儿的做法是所有婴儿的天性，如果不满足她的这一需求，她就会缺乏安全感和满足感。

于是，我向母亲和女佣讲清了这个道理，告诉她们不要限制维尼弗雷特这样做，因为这样会压抑她的天性。

为了满足女儿的口欲，我会不时找来一些小物品，如塑料玩具、干净的布等，将这些物品交给女儿，让她去咬，去感受和体验这些物品的不同性状。

当然，这样做的时候，我会设法保证物品的干净卫生和安全。我的做法是选用没有棱角的物品，并用干净的湿布将物品擦干净，或用水洗干净，或在锅里煮一下以消毒，我想，这对女儿会更安全一些。

>>>>>>>>>>>>>>>>>>>>>>>>>>>>>>>>>>>>

有一次，两岁的女儿在专注地看着祖母用喷水壶给花浇水，那样子很开心。

一会儿，祖母浇完了花，放下喷水壶去忙别的了。女儿看到后，就跑到喷水壶边，小心地拿起它——里面还有一些水，学着祖母的样子给花浇水。

女儿摁下喷水壶嘴的开关，水喷了出来，她兴奋地抬头看了看我，继续浇花。

但女儿的力气太小，那个喷水壶对她来说显得有点大，她不能很稳当地拿住水壶，也不能熟练地打开喷嘴浇花。

结果，喷水壶有时会把地上的花压歪了，或者喷水壶喷出的水没有浇在花上，而是洒到了地上、女儿的衣服上。

很快，她就将几盆花的附近弄得一片狼藉。

这时，祖母正好发现了维尼弗雷特的举动，她急忙跑过去，抢过喷水壶说："哎哟哟，维尼弗雷特，你干不了这事，你还小呢，你看把身上都弄湿了吧。"

女儿浇花正干得起劲，拿不好喷水壶，把花压了，把地上、身上都弄湿了，对她来说，那都不是问题，浇花才是真正让她快乐的事情。

被祖母夺去喷水壶，维尼弗雷特有些不高兴，她开始冲着祖母发脾气。

我不同意祖母的做法，就上前去制止了她，并要求她把水壶给了维尼弗雷特。

维尼弗雷特的祖母并不知道，她这样剥夺孙女的喜好，限制其行为，会打击孙女探索和尝试的积极性，这对孩子的个性发展不利。

我觉得，小孩子都喜欢尝试各种新的事情或活动，喜欢探索周围的各种事物，这是孩子的天性。女儿喜欢浇花，就算把地上、把衣服弄湿弄脏又有什么关系呢？

保护孩子探索和尝试的兴趣和积极性，就是尊重孩子的天性，孩子会从中获得经验、得到成长，提高相应的能力、培养相应的品质。

女儿在进行类似的探索或尝试时，我很少会阻止她，而是允许她自由去探索、去尝试。我相信，这样做对孩子的成长是有利的。

>>>>>>>>>>>>>>>>>>>>>>>>>>>>>>>>

有一次，4岁的女儿和小伙伴汤姆在花园的水渠边玩。

当我找到他们时，他们正在那里玩泥巴。看到他们的样子，我哭笑不得。两个人的脸上、衣服上、头发上、胳膊上全是泥巴，小手已经看不出皮肤的颜色，全都变成了金黄的泥巴色。

看见我来，女儿抬起头，咧开嘴巴冲着我笑了，而我发现，她的嘴里、牙齿上也有些泥巴，她简直成了一个“泥人”。

“妈妈，你看，我做的。”女儿指着旁边地上的一排东西，兴奋地对我说。那是一些用泥巴捏成的小猪、小狗、小鸭子之类的东西，很多都已经软软地快要瘫在地上了。

汤姆也开心地冲着我笑：“阿姨，我也做了好多呢。”我这才发现，在他的身边也有类似的泥巴做的各种小动物。

看得出，两个孩子非常开心，丝毫不顾及将身上弄得脏兮兮的。

我被他们的快乐感染了，这就是孩子，最自然、最接近人的本真。我觉得，孩子的快乐和对新事物的兴趣，比将衣服弄脏重要多了。

所以，我没有训斥他们，而是好奇地蹲在旁边，看他们继续用泥巴捏小动物。

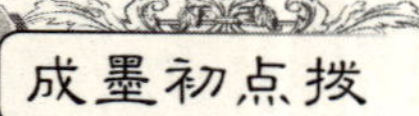

成墨初点拨

遵循孩子的兴趣和天性，会让孩子感觉到更多快乐，也会让他的潜能得到最大限度地发挥。父母绝不要压抑孩子的兴趣和天性，不强制孩子按照自己的要求和标准去生活。

鼓励孩子探索和尝试

女儿小时候曾经在她的祖母家住过一段时间，那是在她4岁时。

祖母很疼爱维尼弗雷特，当时，她精心地为维尼弗雷特准备了一个房间，并把房间布置得很漂亮、有趣，作为专门让维尼弗雷特在里面玩耍的娱乐室。

祖母在房间的地上铺了厚厚的垫子，垫子上摆了各种各样的小玩具、小饰品，室内的墙根部分放置了一些柔软的、漂亮的垫子。

一开始，女儿很喜欢在这个房间里玩，但时间长了，她就失去兴趣了，所以经常跑到其他房间或室外去。

有一次，女儿一个人跑到厨房里去，在那里，她对一把小刀产生了兴趣，准备拿起来把玩。

祖母到处找不见维尼弗雷特，最后找到厨房里来，看到维尼弗雷特在玩小刀，祖母当时差不多吓呆了。她赶忙冲上前，从维尼弗雷特的手中夺下了刀子，并大声说："老天，你怎么玩这个？这太危险。"

小刀被祖母夺走，维尼弗雷特很不快，她去跟祖母抢小刀。

就在祖孙俩抢夺小刀时，维尼弗雷特的小手不小心被划了一道口子。幸好，只是很浅的一道伤口，流了一点血。

这次"流血事件"让祖母有些后怕，她更加小心地看管维尼弗雷特，对她的行为有了更多的限制，唯恐小孙女再被伤着。

但是，祖母这样做，使得维尼弗雷特开始变得叛逆，越是祖母不让她做的事情，她越是要去做，这常常让祖母无可奈何。

对于孩子此类的叛逆行为，很多父母也常常不知道该怎么办。

事实上，对周围的事物好奇是孩子的天性，如果对孩子没有危险性，父母就要给孩子尽可能多的探索自由，不打击孩子的好奇心，不强制性地制止孩子去探索。

至于有危险的事物，比如刀、火、滚烫的水等，父母可根据孩子的年龄采取适当的方式。

比如，对很小的孩子，就要把刀、火等危险物品放到他看不到的地方；而对大一些的孩子，父母要教他如何避免危险、如何自我保护，而不是强制性地制止孩子接触这类事物。

>>>>>>>>>>>>>>>>>>>>>>>>>>>>>>>>>>

有一天，女儿跑到我的房间里去，在里面待了很久都没有出来。我有些奇怪，就进房间去看个究竟。

进了房间后，我发现，我的书桌、房间被女儿弄得乱糟糟的，一些文件、书稿、文件夹等都被扔在地板上，而女儿正坐在地上玩我的一个文件夹。

见到这种状况，我简直快要气疯了。不过，我还是努力控制自己，因为女儿并不知道我的这些东西不能乱动。

我尽量平静地对女儿说："维尼弗雷特，这些东西不可以玩的，这不是玩具。"

女儿抬起头，看看我，又看看地上的各种文件、书稿，似乎不明白我的意思。

一会儿，她举起文件夹对我说："这个好玩。"那个文件夹有可以开合的活页扣，女儿对这个活页扣很好奇。

我一边收拾地上的文件和书稿，一边对女儿说："嗯，宝贝，这个很好玩。但是，妈妈的这些东西是不能随便玩的，因为这不是玩具。"

"我想玩，我觉得好玩。"女儿对我说。

女儿的话让我明白，她对这些新的事物感到好奇，想要探索，这是一种可贵的品质，我不应该打击她。

大致收拾妥当那些文件和书稿，为了满足女儿的兴趣和好奇心，我将两个文件夹中的文件都取出来，然后给女儿演示了文件夹的活页扣的开合。

最后，我给了女儿两个文件夹，还给了她一些卡片，对她说："宝贝，妈妈给你这些文件夹和卡片，你拿去玩。但是，书桌上的那些东西是妈妈用的，你不要动，好不好？"

我并没有强制性地制止女儿玩这些东西，我尊重了她的兴趣和好奇。因而，得到尊重的她也愿意尊重我，她很高兴地答应了我的要求，拿着那两个文件夹和卡片走出了我的房间。

之后，女儿再也没有动过我书桌上的那些文件。

小孩子在探索和尝试某些新事物时，可能会无知地闯入我们禁止他闯入的"领地"，去碰我们不允许他碰的事物。这不是孩子的错，因为他并不知道哪些东西可以碰，哪些东西不可以碰。

此时，我们要在尊重孩子的基础上，给他正确的引导，告诉他哪些事可以做哪些不可以做，哪些事物可以碰哪些不可以碰。这样，既可以保护孩子的好奇心，又可以让他懂得规矩。

女儿6岁时，有一次突然对那台她多次用来打字的打字机产生了好奇。那一天，她坐在打字机前，歪着脑袋，对着打字机左看右看，不知在想什么问题。

看到女儿专注的样子，我走过去，问她："维尼弗雷特，在想什么呢？研究打字机？"

"是的，妈妈，我在思考，它为什么能够打出字来。"女儿回答我。

我笑了，很欣慰女儿对一切不了解的事物都有好奇心和求知欲，我问她："你想知道打字机的秘密吗？"

"想啊。"女儿兴奋地回答。

"那怎么知道它的秘密呢？"我这样问女儿，也是问我自己，因为那个时候，我也不知道这个问题的答案，是去查书，还是去问专业人士？

一会儿，女儿对我说："妈妈，我们可不可以把它拆开，看看里面是什么样子的？"

这个办法我没有想到，不过这的确也是一个了解打字机秘密的办法。可是，拆开打字机不是那么容易，万一弄坏了装不好怎么办？毕竟我不是专业人士。

但转念又一想，女儿喜欢研究，我应该鼓励她，况且，我可以找丈夫帮忙。

于是，我去征求了丈夫的意见，让他帮女儿把打字机拆开再装上。

丈夫也支持女儿的积极探索，他同意了，和女儿一起把打字机拆开了，一边拆他还一边给女儿讲解打字机内部的结构。

从拆开到装好打字机，花费了丈夫和女儿很长时间，很费事。但显然，女儿的好奇心得到了满足，她对这次研究的结果也很满意。

为了让女儿养成喜欢探索和研究的习惯，我认为我们的做法是值得的。

成墨初点拨

父母要允许和鼓励孩子去探索和尝试，孩子会在亲自探索和尝试中获得更切实的体验和深刻的智慧技能，这对孩子的智力和个性发展都是非常重要的。

让孩子自然成长和发展

吉娜是个11岁的女孩，吉娜的母亲对她期望很高，希望她成为有修养、多才多艺的人。为此，母亲给她买了一把小提琴，并给她请了小提琴老师，希望她好好学习小提琴。

一天晚上，吉娜在慢悠悠地写作业，已经到了该练小提琴的时间，她还没写完作业。

吉娜的母亲看了看表，看到女儿拖沓的样子，她很生气、很着急。如果女儿不按时写完作业，就不能保证练琴的时间，也会影响其他的活动。

母亲提醒吉娜说："吉娜，你赶快写作业，今天你还得练琴呢。"

"我知道，我写完作业就练琴。"

"那你快点写，你都写了很长时间了，再不练琴就没时间了。"

"我知道，你不要再催我了，我这一直在写着呢。"吉娜不耐烦地说。

吉娜那天写作业时漫不经心，她的态度让母亲有些恼火，母亲说："不催你？不催你，你写到半夜也写不完。"

母亲的话也让吉娜很恼火，心里窝着火，吉娜更无心写作业了，她干脆放下笔。

母亲见状，更生气，但她又不便发作，只得说："你这孩子，真气死我了，不管你了，你写完作业自己练琴吧！"说完，母亲走出了吉娜的房间。

母亲走后，又过了十几分钟，吉娜终于勉强写完了作业。写完作业，吉娜拿起小提琴，但她却没有心思再练琴。

可怜天下父母心，吉娜的母亲说不管女儿了，但还是不放心女儿，一会儿，她又进了女儿的房间。

见女儿拿着小提琴干坐着，她用温和的口气说："吉娜，妈妈刚才不应该跟你生气，妈妈是为了你好，希望你好好学习、好好学琴，这样你才会有好的未来。你好好练琴吧，妈妈不吵你了。"

虽然母亲的语气比刚才缓和了很多，但吉娜仍然很生气，她扔下小提琴说："不练了，不练了。"她甚至委屈地哭了起来。

母亲觉得莫名其妙，不知道自己哪里又说错了。

我想，吉娜这样的表现也很正常。她之所以会这样，是因为母亲对她的要求很高，母亲总是强制她，不断地催促她、要求她，这给了她很大的压力。

吉娜母亲的做法不是一种自然而然的教育态度，不能让孩子遵循其本性去成长和发展，教育效果自然就会很差。

>>>>>>>>>>>>>>>>>>>>>>>>>>>>>>>>

在教育维尼弗雷特的过程中，我会努力避免吉娜母亲的这种做法。

对于女儿，我基本上是采用自然的教育方式，我把一切学习和技能训练内容以一种自然而然的方式融入到女儿的生活中，使她自然地获取知识和成长。

我认为，这种自然的教育教养方式最符合孩子的本性，教育效果就会更好。

我从来没有强迫女儿去学习任何东西，但她却掌握了比绝大多数同龄孩子多得多的知识，就是这个原因。

不管女儿做什么，我一般不会限制她如何去做，我喜欢让她自己进行各种尝试和探索。这样，她能从亲身体验中更牢固地掌握知识和技能，获得更多创造性的经验。

比如，女儿玩橡皮泥的时候，我从不教她一定要学习捏成什么东西，而是任她自由发挥，去做她自己想做的东西，创造自己能想到的事物或形象。

女儿会用橡皮泥制作各种形状和颜色的小蛋糕，制作各种奇形怪状的小动物、水果，制作各种建筑物和人物像，甚至做一些我想象不到的外星人或神话故事中的人物等。

这种自由宽松的方式，让女儿能自由地发挥自己的想象力和创造性，能使她产生很多灵感和好点子。

而这种做法不但给了女儿很多快乐，同时让她在其他方面的潜能也得到了更自由的发挥，比如在学习上她总能想到别人想不到的解题方式，在生活中总能看到别人看不到的美等。我想，女儿能成为如此优秀的天才，也与此有关。

成墨初点拨

孩子的成长自有其规律，违反孩子的成长规律就会抑制其成长。父母要做的是了解孩子的成长规律，尊重这种规律，让孩子自然地成长和发展，而不是给他过多的限制和约束。

允许孩子做他喜欢的事

我一位女朋友有个6岁的儿子，他非常喜欢收集各种毛毛虫，他把收集来的毛毛虫装在一个玻璃瓶里，放在阳台上。

他每天都会到花园里或者田野里去采集各种毛毛虫。这些毛毛虫有灰色的、绿色的、黄色的，长的、短的，粗的、细的，五花八门，五颜六色……

不长时间，这个孩子就收集了很多毛毛虫，它们在瓶子里爬行。我的朋友很不喜欢毛毛虫，她看到瓶子里的毛毛虫觉得毛骨悚然，就像它们在自己身上爬一样难受。

每次儿子收集来一条毛毛虫，妈妈就会责备他一次。有好几次，她把儿子收集的毛毛虫全部弄死了，然后将瓶子藏了起来。

结果儿子冲着妈妈大喊大叫，接着找个瓶子继续收集。

有一天，儿子忘了盖上玻璃瓶的盖子，结果很多毛毛虫从瓶子里爬了出来，爬满了阳台、窗台、地板等处。

这一下让妈妈好不恼火，她将那些毛毛虫一一踩死、弄死，将玻璃瓶也摔了个粉碎。之后，她生气地将儿子关在“禁闭室”里半个小时。

儿子被妈妈的举动吓呆了，他从此与妈妈的关系不再那么融洽，而且成了一

个沉默寡言、敏感脆弱的孩子。

我朋友的做法很不妥，这对儿子的伤害太大了。

做妈妈的应允许孩子做他喜欢做的事，只要采取合理的防范措施，不让毛毛虫到处乱爬就可以了，因为说不定孩子会因此成为一名昆虫学家。

>>>>>>>>>>>>>>>>>>>>>>>>>>>>>>>>

有一天，女儿对我说："妈妈，科特的妈妈今天打他了，科特好可怜啊！"

科特是女儿的一个朋友，是个比较听话的孩子。听女儿这样说，我有些奇怪，就问她："科特的妈妈为什么打他？"

"因为科特说，他长大后想成为一名海军。"女儿回答。

我更奇怪了，孩子想成为一名海军，这说明孩子有理想、有抱负，妈妈为什么还要打他？

"科特想成为海军不是很好吗？他妈妈为什么要打他呢？"

"科特长大当了海军后，要去很远的海岛上打仗。科特的妈妈说，当海军打仗很危险，不让科特去当海军。但科特一定要去当海军打仗，妈妈说他不听话，所以就打了他。"

听女儿讲完，我觉得很好笑。科特才是个10岁的孩子，他有自己的理想，这应是值得祝贺的事情，但他的妈妈却认为这是孩子不听话、不孝顺。

这时，女儿问我："妈妈，我问你一个问题，如果我长大了去当海军，你会同意吗？你会打我吗？"

听了女儿的问题，我笑着说："傻孩子，我为什么要打你？如果你去当海军，虽然离家很远妈妈舍不得，但只要你喜欢，我会支持你的。不管你将来做什么事情，只要你自己喜欢，妈妈都会支持你。"

女儿幸福地笑了，她主动拥抱了我，并对我说："妈妈，你真好，有你做我的妈妈，我好幸福。"

"妈妈有你，也很幸福。"这是我的心里话，不管女儿长大后做什么，只要她幸福，我就是快乐的。

>>>>>>>>>>>>>>>>>>>>>>>>>>>>>>>>

每个孩子都有一些自己喜欢做的事情，他们喜欢做的事，可能父母并不喜欢，有时甚至会让父母很反感。

但我认为，父母不要因为自己不喜欢或者反感孩子的做法，就限制孩子去做这些事，而应允许孩子去做他自己喜欢做的事情。

我在教育女儿时，如果她喜欢做什么事情，只要这件事不太危险，不违反道德，我都会允许她去做。

在我们家附近，很多女孩子不喜欢爬树，父母也不允许女孩子爬树，可维尼弗雷特很喜欢爬树，她经常像个疯小子似的和男孩子一起爬上爬下。

虽然，有时候孩子爬树会有些危险，女儿就曾经从树上摔下来过。但我不会制止她去爬树，我只是告诉她要注意安全，告诫她在爬树时要怎样保护好自己。

此外，我还鼓励她与那些善于爬树的男孩子交流爬树的经验，学习怎样爬得又快又高。由于我的宽容和鼓励，女儿爬树已经像个灵活的小猴子，而且，她对此也感到很快乐。

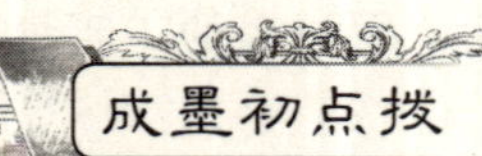
成墨初点拨

孩子喜欢做的事往往能给他带来很多快乐，也会让他获得一定的成长经验。孩子喜欢做某些事，父母不要对其限制过多，只要这些事对孩子的成长有益，父母就要允许他去做。

给孩子想象的翅膀

我的同事莱斯顿教授在专业上非常有才华，在行业里很有威望。但是，他很严肃，总是板着脸，常用各种成规戒律教训学生。

在教育自己的儿子时，莱斯顿教授也很严肃。他对儿子要求很严格、死板，要求儿子“循规蹈矩”，他经常对儿子说的话就是“别胡来，规矩一点”。

对莱斯顿教授的这种教育方式，我很反感。

莱斯顿的儿子卡勒斯现在已经长大成人，他虽然在一个不错的大学里读书，但他和父亲一样，是个死板、循规蹈矩、缺乏想象力的人。

卡勒斯的这种状态正是他父亲教育的结果。从其他同事的口中，我了解了莱斯顿教授对儿子小时候的教育情况。

卡勒斯在少年时代，就被父亲的各种“规矩”所束缚着，成了一个缺乏孩子那种活泼个性和活力的“小大人”。

卡勒斯5岁时，有一次，他画好了一幅画，准备给父亲看，他自以为画得不错，所以满怀期待地希望得到父亲的赞赏。

但是，父亲接过他的画看了看，却皱着眉头说：“你这画的什么啊？画得真不合理、不合规矩，天哪有那么蓝？还有，哪有这么大的花啊？简直是乱画。”

卡勒斯的兴奋劲一下子消失了，他低下头去，不敢看父亲。

莱斯顿教授继续说：“还有这个小人怎么会飞呢？人怎么会飞呢？这不是胡编乱造、胡思乱想吗？”

卡勒斯充满期待的心被父亲泼了一盆冷水，他跟父亲辩解说，他希望人能像鸟一样飞起来。但是他的声音太小，父亲没有听清楚。

父亲严肃地问：“你说什么？”

“我是说，人将来可能会飞起来的。”卡勒斯鼓起勇气对父亲说。

“简直是异想天开、胡闹，你不能这么胡思乱想，以后要老老实实的……”父亲训斥儿子说。

就是这样，卡勒斯对未来充满美好想象的心灵被扼杀了。在父亲的教育下，他以后再也不敢“胡思乱想”，而是成了一个循规蹈矩、死板教条的人。

>>>>>>>>>>>>>>>>>>>>>>>>>>>>

爱因斯坦说，想象力比知识更重要。孩子若没有想象力，长大后就很难有所成就，不仅是艺术家、文学家等才需要想象力，科学家、哲学家等也需要丰富的想象力。

我认为，想象力可以让孩子的生活更丰富、更快乐，也可以帮助孩子开发各方面的潜能。我非常重视对女儿想象力的培养，不管是在生活中还是在学习上。

女儿画画、学音乐、写作或者学习语言、数学等科目，我都不会限制她的思维，而是鼓励她大胆地去想，去想象各种可能。

即使在游戏中，我也鼓励女儿尽力去想象，努力去发现或创作别人想不到的事情。

我这样的教育方式使得女儿的想象力很丰富，她的思维很活跃。

有一次，女儿和几个小伙伴在我们家玩捉迷藏。

游戏时，很多孩子常常选择有遮蔽的地方，比如门后、家具后、阳台的角落里等。由于孩子们经常藏在这样的地方，所以他们很容易被找到。

这次游戏中，所有的孩子都很快被蒙眼睛的那个孩子一一找到了，只有维尼弗雷特不知藏到了哪里。

那个孩子找了所有的家具后面、门后面、桌子底下、阳台的角落，就是不见维尼弗雷特的踪影，时间过去了很久，他几乎想放弃了。

其他孩子也帮他到处找维尼弗雷特，他们呼喊着维尼弗雷特的名字，但始终都找不到。

了解情况后，我也觉得奇怪，我甚至帮那个孩子找遍了所有的衣橱、书橱里面，也没有找到。难道她跑到房间外面去了？按游戏规则，这是不允许的。

最后，那个孩子认输了，他大叫道："维尼弗雷特，你赢了，出来吧！"

这时，我听到了一阵声音从沙发那边传来。仔细一听，正是女儿的声音，她在偷偷地笑。

真相终于大白。原来，女儿这次没有像往常一样，藏到其他孩子经常藏的那些地方，她用一块花布将自己包了起来，躲在了沙发上的那些花布堆里。

我们都以为沙发那里就是一堆花布、靠垫，没想到那里会藏进一个小人儿，这最危险的地方也成了最安全、最隐蔽的地方。

我想，如果女儿缺乏丰富的想象力，她就不会想到把自己藏在这样的地方。

>>>>>>>>>>>>>>>>>>>>>>>>>>>>>>>>

有的父母认为，神话故事和传说全都是胡编乱造的，对教育孩子来说，没有什么意义和价值。但我却觉得，这类故事可以很好地发挥孩子的想象力。

我时常会给女儿讲神话和传说一类的故事，她也很喜欢听。

女儿小时候，夏天的晚上，她喜欢看天上的繁星。这个时候，我会借机给她讲一些有关星空、宇宙等的神话或传说故事。

一个晴朗的夜晚，吃过晚饭，4岁的女儿又坐在了院子里，一个人抬头望着头顶的星空出神，不知道在想什么。

我悄悄走过去，蹲下去，靠近女儿的身子，也抬头望天。我问她：“维尼弗雷特，你在想什么？看到了什么？”

女儿回答说：“我在想，那些星星一闪一闪的，是不是上面有漂亮的仙女啊？”

“哦，你觉得有仙女吗？”

“我觉得应该有。”

“为什么？”

女儿很认真地回答我：“那些星星那么亮、那么干净，是仙女把它们点亮、把它们打扫干净的吧！”

我笑了，真佩服女儿的想象力。

“那你觉得，星星上除了有仙女，还会有什么呢？”

“还有……还有……”女儿思考着，一时无法作答。

“你想一下，还会有什么？”

想了一会儿，女儿说：“我觉得，星星上有大海、有蝴蝶、有漂亮的花，对了，还有一盏很亮很亮的灯，所以星星才会一闪一闪的。”

我想到，这个时候，也是引发女儿对天文学兴趣的时机。

于是，我对她说：“那些小星星有很多我们还不知道的秘密呢，等你长大了，就好好学习天文学，去探索那些星星的秘密吧！到时候，你就知道星星上还有什么了。”

“天文学？”

“是，天文学就是研究星星的秘密的。”

不久，女儿果真对天文学产生了浓厚的兴趣，她一有时间就抱着那些“探索小星星秘密”的天文学书籍认真地看。

可见，孩子喜欢想象并不是“胡思乱想”，这可以成为他探索世界的动力。

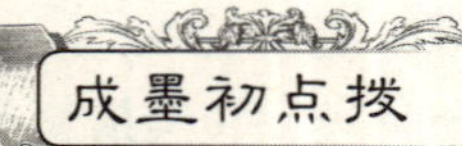

成墨初点拨

善于想象的孩子有更广阔的思维。父母不要打击孩子的“胡思乱想”和“异想天开”，而要赞赏孩子这样的行为，让想象成为孩子快乐的源泉、努力学习和探索的动力。

创造让孩子走得更远

在教育女儿的过程中，我也很重视对她创造力的培养，因为创造力也是孩子成功成才非常重要的一种能力。

我经常让女儿自己动手进行各种实践，并鼓励她勤于思考，用更好的方法把事情做得更好，这样多让孩子积极探索实践的做法可以培养孩子的创造力。

大发明家爱迪生小时候喜欢自己动手制作各种小东西，喜欢思考各种各样的问题。正是这种勤于动手、勤于思考的习惯，才使他成了极具创造性的发明家，使其发明创造了上千种新事物。

我并无意把女儿培养成发明家，但我相信，让她多动手、多思考，培养她的创造能力，这对她的成功成才以及她以后的幸福生活都有好处。

有一次，我和女儿在家举行了一次小小的聚会，邀请她的几个小伙伴来参加。聚会前，在女儿的提议下，我和她用各种水果制作了很多有创意的小礼品，送给她那些小伙伴作为见面礼。

比如，我们将苹果、梨子等挖出一些果肉，做成小猪、小牛、小熊等可爱小动物的脸谱；用胡萝卜削成简单的花衣服给香蕉穿在身上；把点心摆成漂亮的小房子、小山；用花花绿绿的糖果摆出了一个个漂亮的图案……

这些创意的见面礼花了我们整整一个下午，虽然它们做得有些粗糙，但维尼弗雷特却非常有成就感。

更重要的是，女儿的创意作品受到了小伙伴们的热情欢迎，它们甚至舍不得吃掉，而只当作艺术品来欣赏。

小伙伴们纷纷夸奖维尼弗雷特好聪明、好有创意，夸她做的那些小礼品好可爱，小伙伴的认可和表扬让维尼弗雷特很自豪。

折纸、手工、泥塑等都是我用来培养女儿创造力的手段，做这些活动时，我总是允许女儿自由发挥，发挥她的创造性以做出更有意义的事物。

>>>>>>>>>>>>>>>>>>>>>>>>>>>>>>>>>>>>>>

除此之外，有些玩具也可以帮助孩子培养和发挥创造性。

我认为，给孩子买的玩具最好简单一些，不要太华丽、太完美，这些玩具只会让孩子把注意力更多地放在它们的华丽、完美形式上，而那些简陋、简单的玩具却可以让孩子自由地发挥创造性。

女儿小的时候，我一般给她买一些操作性的玩具，就是可以动手进行某些智力操作的玩具，像那些形状简单的积木就是，女儿可以用它自由地搭建各种形式的建筑物或其他事物。

塑料娃娃是女儿常玩的玩具之一，等她到了七八岁、八九岁时，她还喜欢玩娃娃。

那时，为了让她玩出新花样，我给了她一些碎布条、颜色鲜艳的纸张、彩色的丝带等物品，让女儿根据娃娃的身体给它制作各种颜色或花样的衣服、小鞋子、小帽子、小手袋等。

一开始，我教女儿怎样给娃娃做衣服，教她怎样裁剪、怎样缝制，并给她做了一件样品，要她照着做或稍微改动一下。

后来，女儿就完全抛弃了我做的那个样品的式样和颜色，开始大胆地自己创造新的样式和花样。有时，她会综合运用布条、彩纸、彩带等给娃娃做衣服或鞋帽，并在上面缀上一些塑料小珠子或其他小饰物。

仅仅这个简单的娃娃以及一些很普通的布条、彩纸等材料，就让女儿兴味盎然地玩了很久，而且，她常常出其不意地给娃娃制作出我想不到的漂亮衣服。

我想，这样的游戏活动，更重要的是培养了女儿的动手能力和创造力。

成墨初点拨

培养孩子的创造力，父母要引导他不局限于问题或事情现成的答案或做法，给孩子更多实践和探索的机会，让他多动手、多思考、多体验，鼓励他不断改革和创新。

在大自然和生活中学习

对孩子来说，自然和生活都是最好的老师，自然和生活会教给孩子更鲜活的知识。只要父母有心，在自然和生活中随时随地都可以找到教育孩子的素材。

的确，对于让孩子认识周围的自然和生活，到处都是课堂。

有时间的时候，我就带女儿到大自然中去，到河流边、到高山、到海边去，让她感受和学习不同的地理面貌。

我引导女儿观察各种树木花草，倾听不同的鸟叫声，观察各种自然现象，以了解和学习不同的植物、动物以及其他自然现象。

我会和女儿一起观察不同的天气以及昼夜变化和四季的变化；观察地面上或泥土里有什么小昆虫；观察不同的花草树木何时开花、何时败落、何时结果……

生活中，我也会注意抓住机会力所能及地教给女儿观察和思考，教给她一些知识经验。

饭桌上，我会给她讲食物的来历、制作方法，给她讲人体的成长与食物的关系，讲一些粮食、蔬菜、水果的种植方法……

可以说，无论哪里都可能会成为我们的课堂。当然，我并不博学，我不可能教给女儿所有的知识，但我会引导她观察自然和生活，引导她去思考周围的事物和现象，以激励她更努力去学习。

正是这样的做法，让女儿的小脑瓜里装满了问号，而她也总有着强烈的好奇心和旺盛的求知欲。当然，更重要的是，大自然和生活教会了女儿很多，让她获得了有益的成长。

>>>>>>>>>>>>>>>>>>>>>>>>>>>>

生活和自然中的一些现象，常常会成为激励孩子探索、学习的动力，促进孩子自我学习、自我成长。

有一次，我在家里的火炉上烧一壶水。很快，水烧开了，壶嘴不停地向外冒热气，壶盖也被蒸汽顶得不时会跳起来，有热气还从被顶开的壶盖边沿冒出来。

当时5岁的女儿看到后非常好奇，就来到火炉边，很认真地看着冒热气的水壶。

她问我："妈妈，水开了，为什么这里会冒热气呢？壶盖怎么会跳起来呢？"

"是啊，为什么会这样呢？"我一边反问女儿，一边思索着怎样向她解释清楚这些问题。要知道，我的物理知识并不丰富，而且那些物理知识很复杂，我不知能否给女儿讲清楚。

想了一会儿，我开始试着给女儿讲解水态的变化和热能的转化等知识。

"这是因为，用火烧水时，火就把能量传给了水，水就会越来越热、越来越烫。当水很烫很烫，烫到可以把人烫伤的时候，水就到了100摄氏度，它就会变成热气。热气里面有很多能量，就像人有力气把壶盖拿开，热气也能把壶盖顶起来，只是它的力气没有那么大。"

我不确定女儿能否听懂我说的，那个时候，我觉得，她已经学会了一些小学生甚至中学生才掌握的知识，也有能力去了解一些简单的物理知识。

给女儿讲完上面的话，我继续说："这是物理现象，物理学很有意思，你以后要学物理，相信你会明白很多生活中的道理。"

很多时候，生活和自然中的现象可能暂时不能让女儿找到很多问题的答案，但它们会给予女儿开启探索自然、探索生活的钥匙。

成墨初点拨

自然和生活与孩子密切相关，更容易让孩子记忆深刻，因此，在生活和自然中学习是非常有效的方式。父母要开动脑筋，发挥创造性，就地取材，适时对孩子进行有益的教育。

第10章 教孩子学会独立

孩子作为独立的个体，他终究要独立地走向社会，独立地去面对生活、面对人生。所以家庭教育的最终目的，就是要让孩子逐步分离出去走向独立。

斯特娜非常重视培养女儿的独立能力，从生活到学习、从交友到做人处世等各方面，她都努力培养女儿独立去面对和处理的能力。

中国父母非常爱孩子，大多的父母都舍不得让孩子吃苦受累，对孩子照管过多、包办过多、限制过多、帮助过多，这无疑会削弱孩子独立意识和独立能力的成长。

但孩子要走向独立，必须要独自去经历风雨。所以，父母真正爱孩子，就要舍得让孩子吃苦受累，让孩子独立去面对他生活中的各种事情。

让孩子成为一棵树，而不是依附于自己或其他人的藤，这是父母送给孩子最好的人生礼物。在孩子的生命之初，父母就要用心为孩子打造这个礼物。

引导孩子学习自理

孩子要获得独立，首先就要学会自理，学会自己照顾自己。女儿还小，我就设法培养她的自理能力，教她自己吃饭、自己穿衣等。

在吃的方面，我不会给女儿太多的限制，而是让她自己选择吃什么、怎么吃，不会催促她快吃、多吃。我会让她觉得，吃东西是一件愉快而且自己可以做主的事情。

只要女儿不挑食、不偏食、不贪吃、不吃不卫生或不健康的食物，她吃什么、用什么方式吃，我一般都不会干涉她。当然，我会设法培养她良好的饮食习惯。

女儿还不怎么会使用刀叉时，她时常用手抓着食物吃，会将食物弄得满身、满地都是。此时，我不会阻止她，更不会训斥她，而是设法引导她怎样吃。

我从养育女儿的过程中得到经验，只要给孩子提供足够的食物，孩子完全有能力喂饱自己，并且，她饮食的行为动作会越来越熟练。

至今，我依然清晰地记得女儿刚学习吃粥时的样子。

当时，女儿还不到1岁。有一天，我开始教她学习吃粥、喝汤。

我给女儿盛了一小碗米粥，是稍微稠一些的粥，并给了她一把饭勺。我把粥和饭勺放在她的面前，并给自己盛了一碗，一边给女儿示范如何吃粥，一边鼓励她自己吃。

女儿坐在宝宝椅上，看看我，又看看眼前的粥碗，开始拿起饭勺，学着我的样子在粥碗里捣来捣去，准备用饭勺舀粥。

不过，女儿的饭勺是反着用的，凹处朝下，这样当然不能舀起粥来。即使这样，她也将饭勺放进嘴里，津津有味地吃起来。

从嘴里拿出饭勺，她又将饭勺伸进碗里，使劲向前一推，大概是觉得这样可以舀出粥吧！结果却将粥碗碰歪了，粥几乎全都流了出来。

我收拾好餐桌上的粥，又给女儿盛了一小碗。

女儿又开始重复刚才的动作，拿饭勺在碗里捣来捣去捣几下，然后把饭勺放进嘴里，不管饭勺里有没有粥。

有时候，她能用饭勺舀出一点点粥，可刚要送进嘴里，粥就顺着胳膊流了下来，几乎什么都吃不到嘴里。

即便是这样，女儿也很开心能够自己吃粥。

一小碗粥，女儿整整忙乎了一个小时，而且大部分粥都洒到了外面。并且，在她的周围——身上、餐桌上，全都是黏糊糊的粥。

有过多次这样的经历后，女儿用饭勺吃粥的本领就越来越强了。

>>>>>>>>>>>>>>>>>>>>>>>>>>>>>>>>>>>>

女儿不到两岁时，一个周末的早上，我在家休息，于是借机教女儿学习自己穿袜子。

我拿来自己的一双袜子，并递给女儿一双她的小袜子，说："维尼弗雷特，你长大了，你要学会自己穿袜子，我们来学习穿袜子吧！"

听了我的话，女儿高兴地答应了，她对一切自己没做过的事情都很好奇。

我开始给女儿示范如何穿袜子，我拿起自己的一只袜子，以非常缓慢的速度往自己的脚趾上套。

女儿学着我，也拿起自己的一只袜子，抓在手里，笨拙地展开它，并横着猛然往自己的脚趾上用力拉。

女儿这样的动作当然穿不上袜子。我继续给她示范如何用几只手指抓住袜口，并拿起女儿的手，试图手把手地教她这样做。

女儿最终抓好了袜口，不过是一只手抓住袜口，另一只手抓在袜子中间。抓好后，她又用力地往脚上套，结果当然失败了。

我没有嘲笑女儿，也没有斥责她，而是耐心地等待，一遍一遍地给她做示范。

有一次，我直接帮她把袜口套在了脚趾上，要求她自己往上拽袜子。结果，女儿这样做时，因为方向不对，袜子依然没有穿进去。

这样折腾了很久，女儿也一直很努力，要强的她不善罢甘休，这让我很欣慰。

经过20几分钟的努力，担心女儿累了，最后，我给了她更多帮助，协助她将袜子穿上了。

后来，多次这样练习后，女儿终于学会了穿袜子。之后，我又教她学会了穿裤子、穿上衣等。

>>>>>>>>>>>>>>>>>>>>>>>>>>>>

当然，教育女儿自理，不仅仅是教她自己吃饭、自己穿衣，教她懂得自己照顾自己有很多事情可做。

我会引导她自己收拾玩具，她大一些后，教她自己收拾房间和床铺。

我把女儿的每件玩具或其他物品应该待的地方叫作这个玩具或物品的“家”，每次女儿用完玩具或物品之后，我们都要让玩具“回家”。

准备吃饭的时候，女儿还在看图画书，我会对她说：“维尼弗雷特，我们要吃饭了，是不是该让图画书回家了？”

听了我的吩咐，很多时候，女儿会乖乖地送图画书“回家”。

同样，睡觉前，我也用这样的方式让女儿把各种玩具一一归位，我说：“宝贝，我们要睡觉了，玩具也该回家睡觉了。”然后，我们一起把各种玩具放回原来的地方。

逐渐地，女儿就知道，每个玩具或物品都有一个自己应该待的地方，不用这个玩具或物品时，就要把它放在它该待的地方。

女儿更大一些后，我会逐渐教她自己洗衣服、叠衣服，自己热牛奶，自己烤面包，自己做饭等。

在我的训练下，女儿的自理能力逐渐增强，而她也喜欢自己的事情自己做，因为这可以给她成就感、价值感，给了她更多的自信和快乐。

成墨初点拨

教孩子学习照顾自己是家庭教育中非常重要的内容，父母不要因为孩子小、能力不足，就借故照顾他太多，而要让孩子及早学习照顾自己，让他的自理能力逐步得到增强。

做个懒妈妈，放手让孩子去做

哈里森太太总是帮助儿子大卫做很多事情，我一直不赞同她的做法，因为她这样做，只会养成儿子很强的依赖性。

我和哈里森太太母子俩在我姐姐家度假的那段时间，哈里森太太看到了自己的儿子和维尼弗雷特之间的巨大差别，她发现维尼弗雷特什么事情都会做，而她的儿子则相反，这让她很惊讶。

有一天，维尼弗雷特在厨房里热牛奶，哈里森太太看到了，她惊叫起来，赶忙跑过去要帮助维尼弗雷特。

但女儿不愿意接受哈里森太太的帮助，她用力把哈里森太太推开。

之后，哈里森太太责怪我："维尼弗雷特这么小，你怎么让她自己热牛奶呢？那多危险啊，烫伤了怎么办？"

我明白哈里森太太的担忧，不过，我觉得她太小题大做了，热牛奶是件小事，维尼弗雷特这么大的孩子完全有能力自己做了。

哈里森太太依然责怪我不疼惜女儿，可她并不知道，维尼弗雷特已经练习过多次自己热牛奶了，她已经很熟练了。

我对哈里森太太说："维尼弗雷特和大卫差别这么大，一个重要的原因就是，我从小让女儿自己的事情自己做，这样她就会得到锻炼，她的能力就会越来越强。但你从没有教大卫去做这些，所以他现在什么都不会做。"

哈里森太太似乎有些不好意思。

我继续说："我觉得，我们真爱孩子，就不要什么事情都替孩子做，而是教孩子怎么做，放手让他自己去做。否则，孩子没有得到练习，什么也不会做，他自己也会很受挫败。"

就在我们说话的时候，女儿已经把牛奶热好了，并用托盘将牛奶端到了餐桌上。

哈里森太太不说话了，好像在思考什么。我想，她大概开始意识到自己教育儿子的不足了吧!

>>>>>>>>>>>>>>>>>>>>>>>>>>>>>>>>

有一次，我带着女儿到加勒比海去度假。在船上，我们遇到了一个残疾女孩和她的家人，他们给我留下了很深刻的印象。

这个女孩的父母带着她和她的三个兄弟，去度假，四个孩子都比维尼弗雷特大，大概是中学生。

女孩个子不高，腿是残疾的，走路跛得很厉害，但是没有拄拐。

就是这个瘦弱、残疾的小女孩，背上却背着一个很大的旅行包，而她那几个比她高大的兄弟却都只背着小包。

我当时想，这家的男孩子和父母真“冷漠”，让这么瘦弱的残疾女儿背这么大的旅行包，他们却逍遥自在。

然而，让我奇怪的是，女孩似乎很乐意这样做。一路上，她还总是照顾她的兄弟们，反而像个大姐姐一样。

在船上休息时，我和女孩的父母聊了起来。此时，我才知道，他们是真爱这个残疾女儿，他们一直有意锻炼女儿的自理自立能力，而他们也为女儿的自立自强而自豪。

女孩的妈妈感慨地对我说：

“虽然我女儿的腿残疾，但我们从不把她当残疾人看待，我们希望她自强自立，因而从不代替她去做事情，而是锻炼她自己去做。

“一开始，我女儿也会觉得我们残忍，觉得我们不爱她。但是，经过不断的锻炼，她学会了做很多事情，甚至比弟弟们都能干，这让她很骄傲、很自豪，也变得更自信。

“我们很重视培养孩子的独立能力，我希望他们能靠自己的力量自信地、幸福地活在世上。这样，当我们某一天老去时，他们不至于无法很好地生存……”

女孩妈妈的话很有道理，的确，放手让孩子自己去做事，让孩子走向独立才是对孩子最好的爱。

那次在我姐姐家度假时，一天下午，我们几个成年人带着大卫、维尼弗雷特和姐姐的两个孩子到海边去游泳。

到了海边，维尼弗雷特和姐姐的女儿艾莉森很快就熟练地自己穿好了游泳衣，而艾莉森3岁多的弟弟艾伦却不知所措，因为他不太会穿游泳衣。

艾莉森的爸爸已经带着艾莉森、维尼弗雷特下水了，艾伦依然站在那里。

我姐姐看到艾伦的举动，走过来对他说："快点穿上游泳衣，艾伦。"

艾伦嘟着嘴对妈妈说："我不会穿。"

我姐姐说："那我来帮你穿吧！"

已经下水的艾莉森大声嘲笑弟弟笨、不会穿泳衣，艾伦听到后有些不开心。

我走到艾伦和姐姐跟前，想制止姐姐给艾伦穿泳衣，因为不会穿泳衣让他觉得自卑。

事实上，正是因为姐姐总是帮助儿子做事，所以艾伦才不愿意自己做，他也不能很好地穿上泳衣。

我悄声告诉姐姐，让她教给艾伦如何穿泳衣，让他自己穿，这样才能发展艾伦的能力，让他获得自信。

姐姐听从了我的建议，开始教儿子自己穿泳衣，并鼓励他自己穿。

很久，艾伦才和妈妈一起下水，不过，他的小脸上看上去很自豪。

可见，真正爱孩子，父母就要教孩子自己去，放手让他自己去做事。

成墨初点拨

妈妈勤孩子懒，妈妈懒孩子勤。做父母的不要为孩子做得太多，父母不妨懒一点，放手让孩子自己去做事，这样孩子才会有机会锻炼和提高自己的能力，才能更快地走向独立。

不要总做孩子的羽翼

有一次，我和女儿外出，我们还走在路上，天就像要下雨的样子。不过，碰巧我们带了两把雨伞。

女儿还小，被风吹得有些站立不稳，大概也有些冷了，她拼命地往我身边靠，并不时抬起头看看我，对我说："妈妈，我冷，我累，你抱我走吧？"

我没有理会她的话，把属于她的那把小雨伞递给她，对她说："你自己把雨伞打开吧！我们快些走，马上就要到家了。"

女儿接过雨伞，似乎有些不情愿，但看起来又不好意思再央求我。

一会儿，雨点落了下来，这时，的确比刚才冷了。

我鼓励女儿说：

"维尼弗雷特，现在风雨来了，锻炼你的时候也来了，你要做个勇敢的小战士，因为以后你还要面临很多的风雨。

"今天的风雨还不太大，如果你能克服这场风雨，自己走到家，你就是个勇敢的小战士了。我们快些走，好不好？这样会暖和一些。"

听我这样说，女儿不再害怕，脸上露出了坚定的笑容，她大概是很想做一名勇敢的小战士吧！

我们一起向前走啊走啊，女儿再也没有要求我抱她，而是独自走了将近20多分钟，我们终于到家了。

>>>>>>>>>>>>>>>>>>>>>>>>>

就这样，在生活中，如果女儿遇到了一些小困难，我一般不会自作主张地替她去解决，而是鼓励她自己想办法去解决，我不会总做女儿的羽翼，而是让她亲自去经历风雨。

一次，4岁的女儿在家门口看小伙伴凯文搭房子。凯文花了很多工夫，用木棍、树叶、茅草等搭起了一所看起来很安全的小房子。

刚搭完小房子时，凯文高兴地对维尼弗雷特说，他要把自己家的小鸡拿来，放到这所房子里。

正当凯文为自己的成就扬扬得意，并站起身准备回家把小鸡拿来让它入住“新房子”时，维尼弗雷特也站起了身。

维尼弗雷特站起来时，一下子踢倒了凯文的房子。凯文见自己的房子顷刻间毁掉，他非常伤心，使劲地推了维尼弗雷特一把。

维尼弗雷特一个趔趄坐在了地上，她很难过，大哭起来，还不时抬头瞄向我这一边，大概是希望我去主持公道。

我虽然也有些难过，但我想，应该让他们自己去解决纠纷，我相信女儿能自己解决。所以，我没有走上去，而是用鼓励的眼神远远地看着他们。

凯文蹲下来，开始修补自己的房子。维尼弗雷特哭了一会儿，看看我，又看看凯文。

过了一会儿，维尼弗雷特停止了哭泣，我发现她走到了凯文身边，满脸歉意地对他说：“对不起，凯文，我来帮你吧！”

凯文没有理会维尼弗雷特，维尼弗雷特只得静静地看着他。

过了一会儿，维尼弗雷特开始主动地帮助凯文递树枝、树叶等材料。而凯文大概也慢慢忘了刚才的不愉快，就接受了维尼弗雷特的帮忙。

接下来，两个孩子开始一起热火朝天地搭起了房子，好像刚才什么都没有发生过。

孩子在外遇到被欺负、受伤害等事情时，如果父母总是出面帮孩子解决，孩子可能会少受伤害，但他不会得到成长。

所以，我主张，父母不要过度保护孩子，不要替孩子“收拾残局”，而要让他学习独自去解决问题、面对挫折。

成墨初点拨

父母的保护也许会让孩子少受伤害，但却会阻碍孩子的独立成长。所以，父母要避免对孩子过度保护，要设法让孩子学会自己保护自己，学会独自处理难题。

允许孩子表达自己的意见

每一位父母都爱自己的孩子，这毋庸置疑。但爱有很多种，如果父母的爱强迫了孩子的意愿，那么这种爱就可能会对孩子造成伤害。

米莉的妈妈曾跟我讲过她女儿的一件事：

有一天，米莉的妈妈准备带女儿到外面去玩。那天，米莉的妈妈觉得天气有些凉，担心女儿受凉，就让她穿上厚外套。

但是，米莉却死活不穿那件厚外套，她抗议妈妈："我不穿，我不冷。"

"今天很冷，你会感冒的。"米莉的妈妈坚持要给女儿穿厚外套。妈妈以为，女儿可能是觉得穿厚外套不方便活动，所以不愿意穿。

"就不穿，就不穿。"米莉固执地坚持，她很生气妈妈这样强制她。

妈妈也同样固执，她开始严厉起来，训斥女儿说："听话，穿上，感冒了要去打针吃药，打针很痛，吃药很苦的。"说着，妈妈硬要把外套给女儿套上。

米莉看到妈妈的表情，似乎有些恐惧，最后不再反抗，乖乖地穿上了外套。

但是，那一天，米莉玩得一点也不开心，一点小事儿就跟妈妈发脾气，似乎故意与妈妈作对。

我理解米莉，也理解她的妈妈。米莉活泼好动，到哪里都不闲着，似乎不怕冷。而她的妈妈却瘦弱、安静，有些怕冷。

这也难怪，米莉的妈妈可能是从自己的感觉去推断女儿的感觉，她并没有了解女儿的真实感觉和感受，没有尊重女儿的感觉和感受。

米莉妈妈的做法不利于女儿独立思想和情感的培养，我觉得，她的做法是错误的，父母不应把自己的意愿强加给孩子。

>>>>>>>>>>>>>>>>>>>>>>>>>>>>>>>>

在教育女儿的过程中，我一直努力避免米莉妈妈这样的做法，设法尊重女儿的意愿、尊重她的思想和情感。

女儿4岁时，我有一次带她去买帽子。

在帽子店，女儿试了一顶又一顶，五颜六色、五花八门的帽子让她眼花缭乱。每次给她买东西，我很少自作主张地替她选择，而是允许她选择自己喜欢的。

“小朋友，你试试这一顶，真的很漂亮哦，你戴上它一定会更漂亮。”售货员给维尼弗雷特推荐了一顶粉色的帽子，帽檐上有金色的穗子，帽子上还有两只可爱的小熊。

那顶帽子的确很漂亮，也比较适合女儿戴，我也建议她试一试。

可女儿是个很有主见的孩子，不知道是她的逆反心理在作怪，还是她真觉得那顶帽子不好看，试过那顶帽子后，她说：“不好看。”

接着，我和售货员又给维尼弗雷特推荐了几顶很漂亮的帽子，可维尼弗雷特都说不好看。

最后，女儿自己选了一顶帽子戴上，在试帽镜前反反复复地看，最后她说：“这顶好看，我要这顶。”

我和售货员面面相觑。那是一顶米色的帽子，维尼弗雷特这个年龄的孩子戴上去有些灰暗，而且那一顶也有点大，不是很适合她戴。

从我的观点看，女儿自己选的那顶帽子的确不好看，售货员也是同样的意见。但是，我觉得应尊重女儿自己的意见，毕竟是她在买帽子，而不是我在买。

于是，我对女儿说：“好吧，既然你喜欢这顶，那就买这一顶吧！”我把钱交给她，让她自己去柜台付钱。

在日常生活中，我和丈夫总会力求尊重女儿自己的意见，尊重她独立的思想和情感。我们绝不会以自己的意见、自己的思想和情感去要求她、左右她。

哪怕女儿的意见、思想情感在我们看来是“错误”的，我们也会尊重她。相信随着她的成长，随着她经验能力的增长，她的思想情感也会逐渐走向成熟。

成墨初点拨

孩子独立也包括其在思想情感上的独立，父母要允许孩子表达和展现他独立的思想和情感，不使他养成人云亦云的个性，不让别人的思想情感压抑自己的思想和情感。

让孩子为自己的事情负责

那次郊游时遇到的残疾女孩父母的做法让我感触很深，受他们的启发，在此后教育女儿时，我就尽量让她自己的事情自己做、自己的过错自己负责。

有一次，女儿从一个同学那里借来一套动物拼图。看得出她很喜欢这套玩具，从下午一直玩到了晚上还不忍放手。

为了玩拼图，女儿扔在床上的脏衣服不洗了，作业不做了，课外书不读了，桌上、床上、房间里都乱七八糟。

我走到女儿的房间门口，看到房间里的样子，笑着对她说：“哦，维尼弗雷特，玩得好开心啊！很好玩吧？”

女儿抬起头，很开心地对我说：“是啊，很好玩。”

“你玩得是开心了，可你的房间、衣服、书本啊什么的可不开心了。”我幽默地说。

女儿不解地看了我一眼，一边继续忙着拼图，一边问我：“为什么？”

“你想啊，你的脏袜子不洗，作业不写，书不读，它们都被冷落了，被冷落就会不高兴。还有，房间、桌上、床上都这么乱，它们都不舒服，怎么会高兴呢？”

“嘿嘿……”女儿不好意思地笑了。

“妈妈，要不，你帮我收拾一下房间、书桌，帮我洗一下衣服好不好？我一会儿就写作业、读书。”女儿讨好地对我说。

“凭什么啊？自己的事情自己干，凭什么要我帮你干？”

听我这样说，女儿撇了撇嘴。

我说：“你自己看着办吧，乱就乱，脏就脏吧，你得自己受着，反正我是不会帮你的。这些事情本来就是你自己的事情，我没有义务帮你。”

女儿叹了一口气，只得放弃玩拼图，开始收拾房间、洗衣服、读书、写作业。

>>>>>>>>>>>>>>>>>>>>>>>>>>>>>>>>

一天中午，快要吃饭的时候，因为我没有答应女儿吃冰激凌的要求，她开始发脾气。

“你要吃冰激凌，就不要吃饭了。”最后，我对女儿说。这是我曾经给她定的一条规矩，饭前不能吃冰激凌，可那天她非要吃不可。

“不吃饭就不吃饭，有什么了不起。”女儿拿着冰激凌说。

“这是你说的啊，你要遵守诺言。”

那一次，女儿果真没有吃饭，只吃了一支冰激凌。

可刚过了一会儿，女儿就喊饿，并跑到厨房里去找东西吃。

我发现后，追到了厨房里，抓住女儿的胳膊说：“维尼弗雷特，你曾说过，吃了冰激凌就不吃饭了，现在还不到吃晚饭的时间。你要说话算话！”

女儿想起了刚才自己说的话，似乎有些不好意思，但她还是乞求说：“妈妈，我饿了，让我吃点东西吧！”

“不行！你自己说的不吃饭，饿了也是你自己的事情，当然你要自己承担后果。”

看到我坚定的眼神，女儿知道我不会妥协，只得跟着我走出了厨房。

女儿饿肚子，我也心疼，但我希望她得到教训、学会遵守规则。此后，女儿再也没在饭前吃过冰激凌。

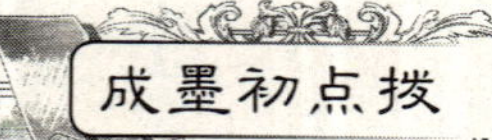

成墨初点拨

孩子的事情自己负责，这样才会激发他的责任心，从而使他做得更好。孩子自己的事情，父母理应让他自己负责，而不要越俎代庖替他做好，或替他承担事情的后果。

第11章 孩子幸福快乐最重要

当前，迫于社会生存竞争的压力，很多父母不断地要求孩子读书学习，设法培养其种种技能，以使其成为更优秀的人才。

父母的做法无可厚非。但对于孩子来说，拥有健全的心态、幸福快乐的心，比拥有更高的技能更重要。也就是说，孩子首先要成为一个幸福快乐的人，然后才会成为优秀的人才。

虽然，斯特娜也教育女儿学习各种知识、培养她各种能力，期望她在各方面都有突出的成就，但她更希望女儿成为一个幸福快乐的人。

可以成为优秀人才的孩子不一定快乐，但快乐的孩子会有更大可能成为优秀的人才。因为，幸福快乐常常会成为孩子积极探索世界、积极完善自己的动力。

所以，做父母的，要努力让快乐主导孩子的成长，让孩子快乐地成人、成才。

使孩子感受到爱和温情

我认为，对孩子最好的教育是真爱和陪伴，这是让孩子健康成长的精神营养。

我有一个同事温斯特博士，他曾给我讲过自己的童年。他告诉我说，童年时，他一直觉得父亲不爱他，至今，他和父亲之间的感情仍然很淡漠。

温斯特真诚地向我讲述：

“现在我知道了，其实在我小时候，父亲是很爱我的，他给我买礼物，带我出去玩。但那个时候，我总是不愿意亲近他，总觉得和他有距离。

“我父亲当时是个外交官，工作很忙，他很少在家，所以我很少见到他。有时，即使他回家，也因为忙着其他事情，基本上没有太多时间陪我。

“所以，那个时候，我一直觉得父亲不爱我、不喜欢我。我一直跟着妈妈生活，对父亲的感觉很陌生。

“有一次，我父亲忙完了一个阶段的工作，回家来住了几天。妈妈让我跟父亲去说说话，去和他玩，但是我拒绝了。

“妈妈问我，你不爱爸爸吗？我说不爱。

“现在我才知道，当时，父亲听了我这句话该多伤心啊！其实，父亲很爱我们这个家，很爱我，只是因为他工作忙很少顾家，而我却不能理解他……”

我理解温斯特的无奈和苦楚，他爱父亲，父亲也爱他，但他们却不能很好地相处。

在婴幼儿期这个亲子关系建立的关键期，父亲很少陪伴温斯特，这让他们错过了建立深厚感情的最好时机，导致他们之间的感情很淡漠，使得温斯特内心产生了情感的缺失。

温斯特的经历使我陷入思考，是啊，对于小孩子而言，父母的关爱和陪伴比丰厚的物质、优异的成绩重要多了。

因此，在孩子小时候，父母要尽可能地给孩子更多的关爱，在忙碌的工作之余，要尽可能多地抽出时间陪伴孩子。

>>>>>>>>>>>>>>>>>>>>>>>>>>>>>>>>

女儿4岁时的一天，我在写文件，我让女儿自己在一边玩。

过了一会儿，不知为什么，女儿跑了过来，并对我发起了脾气，还将我书桌的一些文具、文件扔到了地上。

我奇怪地问她："维尼弗雷特，你怎么了？为什么把我的东西扔到地上？"

女儿不说话，又拿起一些文件扔到了地上，小嘴巴噘得高高的。

"怎么了，宝贝？谁欺负你了？"

女儿依然不说话，准备继续把我的一些东西扔到地上。

我生气了，抓住她的胳膊，"妈妈生气了，快把那些给妈妈捡起来。"我指着地上的文件说。

"不捡。"女儿赌气说。

"怎么这么不听话？"

"就是不听话。"

我平静了一下情绪，心想，女儿这个样子可能是真的有委屈。

于是，我温和地问她："宝贝，你到底怎么了，快告诉妈妈。"

这个时候，女儿却哭了起来。

看到女儿伤心，我也很心疼，就抱起她来，说："宝贝，妈妈想，你一定有什么委屈，跟妈妈说说好不好？妈妈会帮你。"

女儿停止哭泣，一下子扑到我怀里，哽咽着说："妈妈，我以为你不爱我了，我觉得好孤独。"

我奇怪女儿怎么会这么说，就问她："妈妈怎么会不爱你呢？妈妈不是每天都在陪着你吗？"

女儿回答说："可是，妈妈总是忙着写字，不陪我玩……"

那段时间因为工作忙，可能我真的疏忽了女儿。我突然意识到，孩子是多么害怕孤独和寂寞，多么需要父母的关爱和陪伴啊！

想到这里，我对女儿说："宝贝，妈妈错了，妈妈忽略你了。不过，妈妈最爱你，只是因为妈妈太忙了，所以没有很多时间陪你玩，以后我一定多陪你玩，好不好？”

说完这些话，我决定暂时放下工作，先陪女儿去玩一会儿。

>>>>>>>>>>>>>>>>>>>>>>>>>>>>>>>>

米尔斯利特太太有一个儿子叫卡夫特，有一次，米尔斯利特太太跟我讲述了这样一件事，是关于他儿子的：

一天，我下班刚回到家，卡夫特正在喂小猫。他笑着上前来迎接我，很兴奋地告诉我说：“妈妈，我的一篇文章发表了，是关于小动物习性的文章，我好开心啊！”

儿子跟我说话的时候，我向旁边瞥了一眼，我发现，儿子喂猫用的盘子被打翻了，猫食撒了出来，地上还有些水。

儿子很喜欢小动物，他养了一只小猫，每天回家就是喂猫、研究猫、和猫一起玩。

当时，我有些累，我是个爱干净的人，见到小猫吃食的地方狼藉一片，我很生气。

我指着打翻猫食盘子的地方，没好气地对儿子说：“你看，把小猫的盘子都打翻了，弄得这么脏，你总是这么马虎，写什么小动物习性啊？”

儿子刚才的高兴劲一下子消失了，他像只泄了气的皮球，很失望地走开了。

这时，我意识到，自己刚才的做法很不妥。儿子的文章发表，那是很值得庆贺的事情，我却没把那当回事，打击了他的自尊。

那天，米尔斯利特太太没有关注儿子最关心、最在意、最让他自豪的事情，却批评儿子打翻了盘子、弄脏了房间，这显然是错误的。

真正爱孩子，父母就要关注孩子所在乎的、喜欢的、关心的事物，给孩子真正需要的东西，而不是只关心自己所关心、所在意的事物，只考虑自己的需求。

成墨初点拨

爱和温情是孩子健康成长最重要的精神营养，也是孩子快乐的源泉。父母要给予孩子足够的关注和爱，关注和满足孩子的心理需求，而不是仅仅用物质来满足孩子。

孩子的快乐比成绩更重要

女儿有个小伙伴叫托尼，托尼的妈妈是一名职业女性，她对工作尽职尽责，对孩子而言她也个高度负责的妈妈。

托尼的妈妈像一根紧绷的弦，对自己、对儿子都严格要求。每天，她在单位辛苦地忙碌了一天，回到家也忙个不停，做家务、照顾儿子和丈夫的饮食起居、督促儿子学习读书。

托尼的妈妈对儿子期望很高，她希望儿子将来出人头地，因而总是要求儿子学这学那。即使周末偶尔带儿子出去玩，她也不忘向儿子灌输各种知识、对他进行各种教导。

托尼的妈妈这样做，也给了托尼很大的压力，丈夫劝她放松一些，不要对儿子要求那么高，但托尼的妈妈始终坚持自己的做法。她说："我不能放松，竞争这么激烈，孩子很快就长大，再不抓住机会让他多学点东西就晚了。"

在妈妈的安排下，托尼几乎没有玩的时间，他的生活中几乎没有娱乐、没有朋友、没有玩具。他很想像其他孩子一样尽情地玩耍，很想自由地去做一切自己想做的事情，但这一切总不能如愿。

虽然，在妈妈的不断督促下，托尼也很努力地看书、学习。但是，他却并不快乐，学习成绩也不尽如人意。

日子久了，托尼变得情绪很坏，总对妈妈发脾气、与妈妈吵架，而且，他开始厌学，再也无法全身心地、高效地投入学习中。

而托尼的状态让妈妈很着急，就更严格地要求儿子，却想不到激起了儿子更强烈的反抗，托尼更不愿意学习。这形成了一种恶性循环，使得一家人都不快乐，家里每天都有一种很紧张的气氛。

让孩子多学点东西没有错，但是，如果因此而剥夺了孩子的快乐，那就得不偿失，甚至会给孩子的个性造成伤害。孩子若是不快乐，他就不能用心去学习，其潜能也难以发挥出来。

我认为，孩子的快乐比成绩更重要，如果孩子的成绩是以牺牲快乐为代价，那这样的成绩没有任何意义。父母要设法让孩子在快乐的心境下学习，这样，孩子才更愿意去学习。

>>>>>>>>>>>>>>>>>>>>>>>>>>>>>>>>

我虽然希望女儿在各方面都表现很优秀，希望她的学业突出，但我最关心的还是她是否快乐。无论她将来从事什么职业、做出什么样的成绩，我都希望她首先是快乐的、幸福的。

在女儿10岁的时候，我看到很多女孩子舞姿优美，也希望女儿能跳出优美的舞蹈。于是，在我的鼓动下，女儿报了一个舞蹈班。

一开始，女儿对跳舞还有兴趣，练习舞蹈的热情也很高。但不久，不知为什么，她不再那么喜欢跳舞。

有一次，我跟女儿聊天，聊到了参加舞蹈班的有关情况，我问她："维尼弗雷特，你参加这个舞蹈班怎么样？还喜欢吗？"

女儿轻轻地叹了口气说："说不上喜欢不喜欢。几次测试，老师都说我的动作不标准、不灵活，所以我很着急，但我很讨厌那些基本的动作训练，很枯燥……"

"哦。"

女儿继续说："我怎么努力都跳不好，常挨老师批评，好丢人啊！"看女儿的表情，她似乎对舞蹈的兴趣没有那么大，这个舞蹈班也并没有给她带来多少快乐。

"那你是不是觉得学舞蹈不开心、不快乐？"我问女儿，我不希望她勉强自己去做自己并不喜欢做的事情。

女儿没有直接回答我的问话，而是像小大人一样对我说："妈妈，你放心，我会用心去学的，我一定要学好，一定不会给妈妈丢脸，不会给自己丢脸。"女儿好强，不管做什么，她都希望做到最好。

但我感觉得出，女儿的回答有些勉强。想了想，我对她说："要是你觉得学舞蹈不快乐，那就退出这个班吧！"

听我这样说，女儿的眉毛一扬，但随即，她的表情黯淡了下去，说："如果我因为学不好而退出，那不更丢人吗？我没有学好舞蹈，你不失望吗？"

我笑了，对女儿说："不会的，有人擅长舞蹈，有人不擅长，这没什么丢人的。如果你不喜欢舞蹈，那就不要勉强，我宁可不要你优美的舞姿，也要你快乐。"

最终，女儿退出了那个舞蹈班。

成墨初点拨

人都是趋乐避苦的，孩子更是如此。父母要更关注孩子是否快乐，而不是更关心他的成绩，设法让快乐成为孩子学习、做事、探索的推动力，让快乐的情绪引导孩子向上、向善。

培养孩子创造幸福的能力

我希望女儿幸福，也注重培养她自己创造幸福的能力。我教育女儿通过自己的努力获得自己想要的，通过不断改善和丰富自己以获得优良的品质、各种能力以及友谊等。

我还设法培养女儿面对困难、困境的乐观精神，使她面对艰难时，依然拥有让自己快乐、让别人快乐的能力。

有一次，女儿生病了，她很多天都不能出去玩，很多自己想做的事情也不能做，所以她很不开心。

为了让女儿高兴起来，我会给她读或讲一些有趣的故事，让她看一些美丽的图画。此外，我会引导她想象一些美好的事物，这是我们一起进行的想象游戏。

我和女儿都闭上眼睛，轮流描述自己想象到的美景。我说："我看到了广阔的大草原和蓝天白云，白云下有一只美丽的鸟儿在飞……"

女儿会接过我的话茬说："那只鸟儿就是我，我飞呀飞呀，飞过了高山，飞过了平原，飞过了大海，飞过了草地……哇，好自由。"

"我在地上看见了维尼弗雷特在天上飞，她的翅膀是衣服变来的，好漂亮，连地上美丽的孔雀都嫉妒了。"

"哦，孔雀，我就是一只美丽的孔雀，不，我比孔雀还漂亮，我比孔雀更自由，孔雀飞得不高，我却能飞上天……"

"哦，是吗？维尼弗雷特，要不你带妈妈一起飞吧，我们一起飞到月球上去，看看那里有没有仙女……"

女儿很喜欢这样的想象游戏，想象各种美好的景象时，她就会忘记了病痛，忘记了烦恼。

不仅是生病时，在女儿遇到其他不开心的事情时，我也会引导她努力想象一些美好的景象，想象美好的事情，这样，她很快就会快乐起来。

这样，日子久了，女儿即使不开心，她也总能很快想到一些快乐、美好的事情。因此，一般情况下，她总是乐观开朗的。

>>>>>>>>>>>>>>>>>>>>>>>>>>>>>>>>

女儿6岁生日时，我们准备举办一次生日晚会，邀请她的一些小伙伴来参加。

不过，我在给女儿的小伙伴写邀请卡时，和女儿发生了矛盾，原因是她不想邀请自己的一位好朋友伊莎贝尔。

我想，既然女儿和伊莎贝尔是好朋友，当然要邀请伊莎贝尔来参加。我不知道女儿为什么不愿邀请她来，就问女儿："你和伊莎贝尔不是好朋友吗？"

"她不是我的好朋友。"女儿不高兴地说。

我有些奇怪，她们之前一直玩得好好的，这次是怎么了？我想，这肯定有原因。

"你为什么不要她来参加呢？"我问女儿。

"不为什么，就是不想她来参加。"女儿赌气似的说。

女儿这种态度，我很生气，就对她说："她是你很好的朋友，你却不让她来参加你的生日晚会，她会有意见的。"

"我不管，就是不愿意让她来。"

我想不出是什么事情让女儿对伊莎贝尔这么有意见，难道是她们闹矛盾了？

我搂了一下女儿的肩膀，温和地问她："维尼弗雷特，你和伊莎贝尔不是挺好的吗？怎么，吵架了？你为什么不愿她来呢？"

"她来了总是乱动我的小提琴，我不喜欢。"女儿说出了心里话。

"哦，还有吗？"

"没有了。我跟她说过很多次，不要乱动我的小提琴，她不听。"

"但如果你不邀请她来参加你的生日晚会，她会不高兴，以后她就不愿意跟你玩了。你想一想，有什么办法既可以避免她动你的小提琴，又能邀请她来而不伤害你们俩的友谊？"

女儿认真地想了想，回答说："我可以把我的小提琴放到她看不见的地方。"

我笑了，说："哇，这是个好办法。如果把你的小提琴放到我的房间里，或者放到橱柜上她够不到的地方，使她无法动你的小提琴，你愿意她来吗？"

"要是这样的话，那就请她来吧！"

这个问题就这样解决了。

我认为，能很好地处理与伙伴之间的矛盾，这也是孩子创造幸福能力的一部分。因此，父母要教孩子学会与同伴交往，教他学会如何处理与同伴之间的矛盾。

成墨初点拨

父母对孩子，不仅仅要给予他幸福，还要培养他自己创造幸福的能力。教孩子创造幸福，父母就要引导孩子通过自己的努力获得自己想要的，教他如何尽快摆脱不快，从而获得快乐。

引导孩子在挫折中找到希望

挫折是孩子的生活中不可避免的，挫折往往会给孩子带来痛苦。因而，父母要教孩子学会如何正确地面对挫折，从挫折中找到希望。

在我们这里，孩子们都喜欢过万圣节。在这一天的晚上，各家各户的门上都挂上南瓜灯，而孩子们会穿上鬼服、戴上面具，装扮成鬼，到各家各户去讨糖吃。

有一年，万圣节还没到，女儿就兴奋地盼着那一天的到来。

但是，万圣节那天傍晚却下起了雨。如果下雨，孩子们就不能穿上鬼服去其他人家里讨糖了。

见雨一直下个不停，女儿有些失望，她不时地问我："妈妈，雨怎么还不停啊？"

我想，如果晚上不能穿上鬼服去讨糖，女儿会很失望。见她焦急不安的样子，我安慰她说："我们再等等，也许雨会停的。"

但是，一直等到我们吃过晚饭，天越来越黑了，雨依然在下，丝毫没有停的意思。

见此情景，女儿很伤心，看上去要哭了，她多么希望在这一天晚上去和小伙伴一起狂欢啊！

看到女儿的样子，我很心疼。我伸出手臂抱了抱她，说："我知道，没法出去狂欢，你很难过，但是我们没有办法让雨停下。要不，我们去玩别的吧！"

"不，我要扮小鬼，去讨糖。"

"可是外面下雨呢，我们没办法出去，有很多事是我们没有办法的，我们只能接受现实。"我一直抱住女儿，希望可以给她温暖和安慰。

女儿伤心了一会儿，情绪好些了。过了一会儿，我们开始玩一个角色游戏。

我从不认为，女儿遇到挫折是不好的事情。相反，我觉得这是好事，因为这可以让女儿成长，我希望她通过挫折能得到一些经验、获得一些智慧。

有一次，我带女儿和另外几个朋友去郊游，那次郊游为期两天。

出发前，我告诉了女儿应该带什么物品和装备。那时，女儿已经12岁，为了让她学会自立，我没有给她准备行李，而是让她自己准备。

不一会儿，女儿就收拾好了自己的行李。但我发现，她没有听我的话把手电筒和厚一点的衣服装进去。

野外的晚上会比较冷，那里也没有灯，所以必须要带厚衣服和手电筒。不过，我没有再提醒女儿带这两样东西，我想让她自己体验做事不周到的后果。

我悄悄地把她的厚衣服和手电筒放进了自己的旅行包里。

到了目的地，白天，女儿玩得很开心。到了晚上，她发现宿营地很黑、很冷，冻得她直打哆嗦。这时，她才想到应该带厚一点的衣服和手电筒。

教育女儿的时机到了。此时，我没有马上把手电筒和衣服拿给她，而是问她："冷吗？"

女儿沮丧地说："冷，我真应该带那件厚衣服，也应该带手电筒来，哎，这次都没带，真倒霉！"

"那你当时为什么都没带呢？"

"我以为这里没那么冷呢，也没想到会这么黑。其实我当时想着带手电筒的，可后来忘了。"

我笑着说："这次有了教训了吧，以后就知道该怎么做了。"

"嗯，以后我去哪个地方，就先了解一下那里的天气和地理状况，了解需要什么东西，做好最充分的准备。妈妈，可我现在怎么办？我现在觉得很冷。"

"是的，以后做事要细心，做什么事都要做好最充分的准备。这一次，你不用担心，厚衣服和手电筒妈妈都给你带来了。"说着，我将女儿的衣服和手电筒从包里拿出来。

"哇，妈妈，你好伟大。"女儿兴奋地拥抱了我。

>>>>>>>>>>>>>>>>>>>>>>>>>>>>>>>>

我认识一个名叫米娜的小女孩，她7岁那年，在一次车祸中失去了一条腿。

车祸后，在医院治疗时，在医生和护士的支持和鼓励下，米娜花了很多时间学习康复，学习自己拄着拐杖走路。

但米娜出院回到家后，相比车祸前，妈妈更百般地疼爱和照顾女儿。妈妈心疼女儿，不忍心她吃更多苦，所以很多事情都替她做了，几乎不让她做任何事情。

妈妈认为，这样可以安慰失去了一条腿的女儿，弥补她的缺憾。

因为很多事情妈妈都替自己做了，米娜几乎没什么事可做，她每天只是无所事事地待在家里。

这让米娜觉得很无聊，压抑而烦闷。米娜曾经很活泼、开朗，但现在，她常常动不动就发脾气，每天都唉声叹气。

更重要的是，米娜觉得自己现在什么事情都不能做，她觉得自己成了一个废人，因而对自己越来越没有信心。

得知米娜的这些情况后，我劝米娜的妈妈，不要帮女儿做太多事情，要让她自己学着去做力所能及的事情。

米娜的妈妈最后听从了我的建议，不再过多地帮女儿做事。

后来，米娜经过持续的锻炼，能做越来越多的事情，这让她找回了自信。

几个月后我再见到米娜，她又成了那个活泼、开朗、自信的女孩，脸上始终带着笑容。

米娜学会了很多以前不会的事情，比如拉小提琴、剪纸等，她的小提琴拉得很不错，剪纸的手艺也很高。而且，她自己的事情差不多都自己做，从不用别人照顾，而她有时还可以照顾家人，这让她觉得自己很有价值。

看到米娜现在这个样子，我很欣慰。

孩子能够靠自己的能力战胜挫折，在挫折中找到希望、找到自己的价值，这会给孩子更大的勇气、成就感和自信。因而，父母要鼓励孩子自己战胜挫折，在挫折中获得成长和快乐。

成墨初点拨

挫折是孩子成长的重要课堂。父母不要以爱的名义，剥夺孩子经历挫折并获得成长的权利。让孩子经受挫折，鼓励孩子在挫折中看到希望，在挫折中找到机会才是更重要的。

让孩子保持童真童趣

我认为，每个年龄段的人都有每个年龄段的生活，有每个年龄段的心思和情感。孩子就应是调皮的、可爱的，是具有童心、童真和童趣的。

虽然，女儿在童年时学了很多知识，但我并没有牺牲她快乐的童年，因为她一直是在快乐中学习的。更重要的是，我和丈夫会设法让她保持童真童趣。

一天中午，我的丈夫因为那几天工作太累了，还没吃午饭就倒在床上呼呼大睡。当时，女儿正在画画。

我并不知道丈夫在睡觉。当我做好饭，吩咐女儿喊爸爸来吃饭。我听到女儿喊了两声爸爸，却没听到丈夫的回音，只听到了他很响的鼾声。

我把午餐一一摆上餐桌。过了许久，卧室里没有了动静。我很奇怪，就走了进去。

当我走进卧室时，我被逗乐了。原来，丈夫一直睡得死死的，而女儿正拿着画笔在他的脸上画脸谱。

见我进来，女儿咬住嘴唇冲我笑，示意我不要出声。我也恶作剧般地拿起一支画笔，蹑手蹑脚地走到丈夫身边，加入了女儿的恶搞行动。

不一会儿，我们就将丈夫的眼睛、鼻子、嘴巴、眉毛等全部描了一个遍，他那样子像一个小丑。看着爸爸滑稽的样子，女儿忍不住笑出了声。

这一下，丈夫被惊醒了。我和女儿赶紧将画笔藏在身后，我装作若无其事的样子对丈夫说："亲爱的，我们该吃饭了。"

丈夫起身，见我们一直不怀好意地笑，他很奇怪，不知道发生了什么事，问我们："你们笑什么？"

"没什么，我们该吃饭了。"我说。

“哦。”丈夫莫名其妙，他走到洗手间准备洗手。

这一次，他在镜子里发现了自己的“光辉形象”，就哈哈大笑。

他转过身，面向我们，一会儿咧咧嘴巴，一会儿嘴角上翘，一会儿皱皱眉头，一会儿哭丧着脸，不停地做着各种搞怪的动作，逗得我和女儿哈哈大笑。

就这样，我们三个人玩闹了好长时间，直到我和女儿都笑得肚子疼，丈夫才去洗手间洗干净了脸，回来吃饭。

>>>>>>>>>>>>>>>>>>>>>>>>>>>>>>>>

我认为，让孩子保持童真童趣对孩子的身心健康和成长是有利的，可以让孩子的心情尽情舒展，让孩子的个性得到最大程度地发展。

孩子喜欢搞怪是童心的一种表现，只要不是太过分，我觉得父母就不要斥责孩子，而要给孩子一个宽松的空间。

我曾提到过，莱斯顿教授的儿子卡勒斯小时候就很死板，他生活得也不快乐。我认为，这很大程度上是他父母错误的教育方式所导致的。

莱斯顿的妻子曾跟我说，卡勒斯3岁时，他听说雪糕受热后会融化，他也知道人穿上衣服会觉得暖和。

有一天，卡勒斯突发奇想，他想试试给雪糕穿上衣服，看看会不会化掉?

说干就干，卡勒斯从地窖里取来一支雪糕，然后随手抓起衣架上爸爸的一件西服，将雪糕包裹在了里面。

当时是夏天，天气很热，当卡勒斯将雪糕包裹在爸爸的衣服里后，不一会儿，雪糕就融化了，衣服上留下了一大片乳黄色的奶汁。

莱斯顿教授发现后，非常愤怒，他狠狠地打骂了儿子。

还有一次，卡勒斯将父亲的眼镜给家里的小狗戴在头上，并赶着它在房间里来回走。

莱斯顿教授发现后一边从小狗头上取下眼镜，一边严厉地责骂儿子：“你搞什么？哪有给小狗戴眼镜的？把眼镜摔坏了怎么办？以后别再干这种蠢事！”

正是在父亲这样严格、死板的教育下，卡勒斯逐渐成了一个死板、不活泼、不快乐的孩子。

孩子幼小的心灵天真而善良，他们用一颗敏感的心感受着、体验着、探索着、尝试着生活中的种种事物，这是孩子非常可贵的品质。

父母不要扼杀孩子的童心，而要给孩子宽松的空间，让他展现真实的儿童情怀，不要用成人的眼光去评判和制止孩子的行为。

成墨初点拨

童真童趣是孩子内心世界的真实流露，保持童真童趣，孩子才会快乐、健康。父母要让孩子保持这种童真童趣，不要过早地使孩子成人化，不要用成人的生活模式要求孩子，这才是明智的。

教孩子在失败中发现机会

女儿有一个好朋友叫米希尔。有一次，在玩的时候，米希尔因为没有遵守游戏规则而把自己的脚扭伤了，为此，他很伤心。

米希尔的妈妈看不得儿子受委屈，她看到儿子的样子，也很难过，甚至比儿子更难过。她沮丧地说："我可怜的孩子，为什么偏偏是你的脚受伤了？老天太不公平了。"

我了解到，米希尔的妈妈是个敏感、脆弱而消极的人。她很疼爱儿子，每次儿子受到委屈，她就会表现得很悲伤、很消极，甚至会当着儿子的面流泪。

而这一次，米希尔的脚受伤，妈妈非但不能给儿子力量和鼓励，不能给他正能量，反而一直抱怨生活的不公平，传递给儿子很多负面的、消极的能量。

在我看来，米希尔妈妈的这种做法对儿子的成长很不利。

孩子对父母的态度、情绪、语气等都很敏感，很容易受父母的态度、情绪、语气的影响。父母正面积极的态度会给孩子积极的影响，反之，会给孩子消极的影响。

如果面对失败，父母自己表现得很沮丧、很消极，孩子就会更难过，会感到自己是不幸的，从而缺乏积极的力量去战胜失败。

慢慢地，孩子面临失败时，就总以消极的、负面的态度去对待，只会怨天尤人，而没有力量去改变现状。

事实上，米希尔妈妈的做法是对儿子的不尊重、不信任。她认为儿子软弱无能，没有能力承受打击，认为他不能勇敢地面对现实。

这样下去，米希尔自己也会对自己形成错误的认知，认为自己是软弱、没有能力的。

因而，孩子失败时，父母保持积极正面的态度很重要，这会给孩子力量和信心，让他勇敢地去面对失败。

>>>>>>>>>>>>>>>>>>>>>>>>>>>>>>>>>>>>

在一生的成长过程中，孩子可能会遇到无数次的失败，这是难免的。父母教孩子积极地面对失败，就会给孩子成功而快乐的人生。

我有一个同事克斯高特先生，他是个非常有才华的语言学家。克斯高特先生有个5岁的儿子，虽然儿子还小，但克斯高特先生对他的要求非常高。

克斯高特的儿子并没有父亲期望的那么优秀，因此，儿子非常自卑，每次遇到失败，他总是说："我是个笨蛋，我什么事情都做不好。"

意识到儿子的自卑懦弱，克斯高特先生很烦恼，他想改变儿子的这种状况，却不知该怎么办。

有一次，克斯高特先生就这个问题请教我，我反问他："如果你儿子这样说，你会怎么回答他、怎么做？"

克斯高特先生回答说："我会对儿子说，你不是笨蛋，你很聪明，是个好孩子，爸爸妈妈都喜欢你。"

然而，克斯高特先生这样的回答和安慰并不能改变儿子的状况。克斯高特先生不知道，儿子的这种状况完全是他这个当父亲的所造成的。

因为克斯高特先生对儿子的要求很高，当儿子达不到父亲的要求时，父亲就总会批评、指责儿子的缺点和不足，日子久了，儿子就变得很自卑，不能积极地面对失败。

我认为，最根本的，克斯高特先生首先不要批评和指责儿子，应设法帮助儿子认识到自己的优点，让儿子看到自己的进步和能力，逐步建立他的自信。

父母的评价对孩子进行自我评价的影响很大，孩子失败时，父母不要只是空洞地安慰孩子，而应接纳孩子的沮丧情绪，然后，设法让孩子看到自己的潜能、努力和进步，给孩子以信任和鼓励，让孩子相信通过自己的努力能够做成功某些事情。

父母不妨经常给孩子设置一些通过努力可以实现的小目标，鼓励孩子去做。每当孩子实现一个目标时，父母就引导他去发现自己的进步和成就，从而逐渐增强自信。

>>>>>>>>>>>>>>>>>>>>>>>>>>>>>>>>

女儿6岁时，我们附近小区的一些孩子和家长们一起组织了一场比赛，是以家庭为单位进行的接力赛跑。

每个家庭有三名成员参加接力赛，包括一个孩子和两个成人，因此，我、丈夫和女儿就全部上阵了。

我们这一组，我丈夫跑第一棒，我第二棒，女儿是最后一棒。

丈夫的身体一直很棒，所以，一开始，我们家一直跑在最前面。但到了第二棒时，我的速度慢了下来，我实在跑不过那些十五六岁、十七八岁的大孩子，结果我们家就有些落后了。

见此状况，女儿有些着急，快到她接棒的地点时，我听到她不时地冲着我大喊：“妈妈加油，妈妈加油！”

我气喘吁吁地把手中的小旗子交给了女儿，她接手后就转身奋力向前跑去，嘴里还不知喊着什么话。

远远地，我看得出，女儿跑得非常卖力，而且，她不断地超过了几个中年的父亲、母亲或与她差不多同龄的孩子，逐渐跑到了第一的位置。

女儿真是好样的，我不禁感叹道，眼看我们家就胜利在望。

然而，非常可惜，可能是由于太紧张、跑得太快，在快到终点时，女儿不小心跌倒了。结果，我们与冠军失之交臂。

那一天，女儿一直为这次的失误而难过，她不停地埋怨自己：“我怎么这么笨呢，都怪我……”

我安慰女儿说：“维尼弗雷特，今天我们虽然输了，但我们都尽力了，尤其是你，非常努力，也非常勇敢，我们很感动，觉得你非常棒。”

女儿流着泪说：“但我们还是输了，我们输了。”在她看来，失败是个耻辱。

“不，我们尽力了，只要尽力就是胜利，就是好样的。我们应该有信心，失败并不丢人，也不可怕，有了这次经验，我们下次会做得更好……”

我不住地安慰和鼓励女儿，在我的耐心开导下，女儿的心情逐渐好起来。

失败常常会成为孩子更快地成长的契机，父母要引导孩子在失败中找到机会，总结经验教训，让失败成为孩子走向成功的台阶。

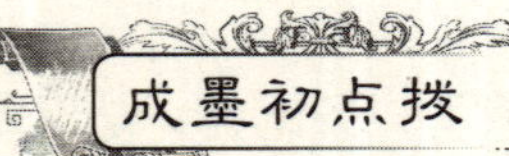

成墨初点拨

孩子失败了，父母绝不要对其进行批评和指责，也不必因失败带给孩子不良的情绪而过度担忧。引导孩子正视失败，帮助他在失败中总结经验教训、获得成长才是更重要的。

不压抑孩子的个性

有一次，我和女儿乘火车去某地旅行。在火车上，我们遇到一家四口人，一对父母带着两个儿子，大的七八岁，小的三四岁，他们一家坐在我们的对面。

这次长途旅行让我觉得很累，打算在火车上安静地休息一下。但看到这两个男孩后，我不禁暗暗叫苦，心想自己肯定无法安静地休息了，要知道，男孩子是很调皮、闹腾的。

但事实并没有我想的那样。我看到，那一家人在座位上安静地就坐，两个男孩也乖乖地坐在爸爸妈妈中间，他们俩只是有些木然地看着眼前的小桌子，似乎对其他的都没有兴趣。

一路上，两个孩子的父母在座位上闭目养神，而两个孩子也一直都非常安静。他们从不离开座位，也不说话，偶尔，小一点的男孩会咯吱哥哥一下，但哥哥没有任何表情，他们俩谁都不出声。

这两个男孩的举动让我很奇怪，他们不像这个年龄的孩子，却像规规矩矩的小大人。在我看来，调皮、喜欢玩闹的孩子才是正常的，而像他们这样的孩子个性却是压抑的。

与这两个男孩明显不同的是，我女儿一路上都向我问这问那，坐在座位上也不老实，一会儿站在上面，一会儿爬上眼前的小桌子，一会儿躺在我身上，让我无法安静地休息。

如果是在以前，我可能会觉得两个男孩很守规矩、很听话。但现在，我却很同情他们，因为我相信他们的个性被压抑，一定是不快乐的，这一定与父母的教养方式有关。

说实话，我很为这两个孩子的未来担忧。他们过早地被成人社会的纪律或规范束缚了，他们的个性被如此压抑，以后能有多大的发展呢？他们的未来怎么会幸福呢？

>>>>>>>>>>>>>>>>>>>>>>>>>>>>>>>>

相对于成年人，孩子一般都比较调皮好动、兴趣广泛。但每个孩子也都有自己的个性特点，有的非常活泼，有的很安静，有的喜欢各种色彩，有的喜欢声音，有的爱讲话，有的沉默寡言，不一而足。

有时，父母的个性与孩子的个性可能截然不同，孩子喜欢的生活方式或事情是父母不喜欢的，这时亲子之间可能就会产生一些矛盾。

女儿的小伙伴伊莎贝尔和她的妈妈就遇到了这样的矛盾。

伊莎贝尔是个活泼好动的女孩，她喜欢唱歌、跳舞，话很多，总喜欢跟别人讲个不停，她也在留声机上听各种故事、音乐、诗歌等。

而伊莎贝尔的妈妈却喜欢安静，她常常会一个人静静地看书、绘画，或者做些编织、缝补一类的活计。

在伊莎贝尔的妈妈看来，女儿太吵太闹、太不安分，这有时会让妈妈不胜其烦。于是她时常限制女儿的行为，并告诫她多读些书，做些绘画、写作等需要安静的事情，她希望女儿做一个文静的淑女。

但伊莎贝尔不听妈妈那一套，她不喜欢安安静静地做事情，这让妈妈无可奈何。

其实，伊莎贝尔的妈妈不必强求女儿，因为这会压抑女儿的个性，对女儿的健康成长是不利的。

不管孩子有什么样的个性，父母都要尊重孩子本身的性格，而不是随意去改变或压抑孩子的个性。

在教育女儿的时候，我会始终尊重她的个性，让她的个性得以最大限度的展现。我想，这也是她个性开朗活泼、生活快乐的一个重要原因吧！

成墨初点拨

只有尊重孩子的个性，家庭教育才会有成效。所以，父母要了解自己的孩子有什么样的个性，尊重孩子的个性，让孩子做真实的自己，而不是从自己的角度出发压制孩子的个性。